Principes de gouvernance d'entreprise du G20 et de l'OCDE

Merci de citer cet ouvrage comme suit :
OCDE (2017), *Principes de gouvernance d'entreprise du G20 et de l'OCDE*, Éditions OCDE, Paris.
http://dx.doi.org/10.1787/9789264269514-fr

ISBN 978-92-64-26950-7 (imprimé)
ISBN 978-92-64-26951-4 (PDF)

Crédits photo : © ann triling/Thinkstock.com.

Les corrigenda des publications de l'OCDE sont disponibles sur : *www.oecd.org/about/publishing/corrigenda.htm*.

Avant-propos

Les Principes de gouvernance d'entreprise du G20 et de l'OCDE *aident les responsables de l'action publique à évaluer et améliorer le cadre juridique, réglementaire et institutionnel organisant la gouvernance d'entreprise afin de favoriser l'efficience économique, une croissance durable et la stabilité financière.*

Publiés pour la première fois en 1999, les Principes *sont depuis lors devenus la référence au niveau international pour les responsables de l'action publique, les investisseurs, les sociétés et les autres parties prenantes. Ils ont également été adoptés comme l'une des normes fondamentales pour la solidité des systèmes financiers du Conseil de stabilité financière et constituent le socle sur lequel reposent les Rapports d'observation des normes et codes (ROSC) de la Banque mondiale pour la composante relative à la gouvernance d'entreprise.*

La présente édition est le fruit de la deuxième révision des Principes, *menée à bien en 2014/15, qui a porté sur la version de 2004, laquelle donnait corps à l'idée partagée que la transparence, la responsabilité, la surveillance du conseil d'administration, le respect des droits des actionnaires et le rôle des principales parties prenantes sont des pièces maîtresses d'un système de gouvernance d'entreprise qui fonctionne bien. Ces axes essentiels ont été consacrés et confortés par les enseignements de l'expérience acquise depuis 2004 et ils continuent de conférer aux* Principes *leur qualité, leur pertinence et leur utilité.*

La deuxième révision des Principes *a été conduite sous l'égide du Comité sur la gouvernance d'entreprise de l'OCDE, présidé par M. Marcello Bianchi. Tous les pays du G20 qui ne sont pas membres de l'OCDE ont été invités à prendre part au processus sur un pied d'égalité. Des experts d'organisations internationales concernées, tels que le Comité de Bâle sur le contrôle bancaire, le Conseil de stabilité financière et le Groupe de la Banque mondiale, ont également participé activement au réexamen des* Principes.

Des contributions importantes ont été produites grâce aux travaux des tables rondes régionales sur la gouvernance d'entreprise organisées par l'OCDE en Amérique latine, en Asie et au Moyen-Orient et en Afrique du Nord ; d'autres ont été recueillies auprès d'experts et au moyen d'une consultation publique en ligne, et d'autres encore sont dues au concours des organes consultatifs officiels de l'OCDE, à savoir le Comité consultatif économique et industriel (BIAC) et la Commission syndicale consultative (TUAC).

Un projet de texte a été examiné en avril 2015 lors du Forum G20/OCDE sur la gouvernance d'entreprise. Dans le prolongement de cette réunion, les Principes *ont été adoptés par le Conseil de l'OCDE, le 8 juillet 2015. Ils ont ensuite été soumis au sommet des dirigeants des pays du G20 réunis les 15 et 16 novembre 2015 à Antalya où ils ont été approuvés en tant que* Principes de gouvernance d'entreprise du G20 et de l'OCDE.

Pour que les Principes *conservent leur pertinence et leur validité, leur réexamen a été facilité et éclairé par des travaux empiriques et analytiques de grande ampleur portant sur les évolutions survenues tant dans le secteur des entreprises que dans le secteur financier. Dans le cadre de ces travaux, le Secrétariat de l'OCDE et le Comité sur la gouvernance d'entreprise ont été en relation avec de très nombreux experts, organisations et instituts de recherche. La réflexion a également été alimentée par les apports d'établissements universitaires au nombre desquels l'Université de Boğaziçi.*

La prochaine étape de la collaboration de l'OCDE avec le G20 et les parties prenantes consistera à promouvoir et à suivre la mise en œuvre des Principes *révisés, ce qui supposera notamment une révision substantielle de la* Méthodologie d'évaluation de la mise en œuvre des Principes de l'OCDE sur la gouvernance d'entreprise.

Table des matières

Suivez les publications de l'OCDE sur :

 *http://twitter.com/OECD_Pubs*

 *http://www.facebook.com/OECDPublications*

 *http://www.linkedin.com/groups/OECD-Publications-4645871*

 *http://www.youtube.com/oecdilibrary*

 *http://www.oecd.org/oecddirect/*

Préface

La finalité de la gouvernance d'entreprise est de contribuer à instaurer le climat de confiance, de transparence et de responsabilité indispensable pour promouvoir les investissements à long terme, la stabilité financière et l'intégrité dans les affaires, trois facteurs favorables à une croissance plus forte et à l'édification de sociétés plus inclusives.

Les *Principes de gouvernance d'entreprise du G20 et de l'OCDE* répondent à ce besoin. On y trouve assurément les composantes essentielles d'un cadre solide organisant la gouvernance d'entreprise ainsi que des orientations pratiques pour la mise en application de ce cadre au niveau national.

Le partenariat avec le G20 confère aux *Principes* une portée mondiale et souligne encore davantage le fait qu'ils sont l'aboutissement des parcours et des projets d'un grand nombre de pays se trouvant à différents stades de développement et dotés de systèmes juridiques divers.

Pour qu'elles soient pertinentes, il est primordial que les règles et réglementations en vigueur dans le domaine de la gouvernance d'entreprise soient adaptées au contexte dans lequel elles seront appliquées dans les faits. C'est pour cette raison que la mise à jour des *Principes* a bénéficié de l'éclairage apporté par des travaux empiriques et analytiques de grande ampleur consacrés aux évolutions se profilant dans le secteur financier comme dans celui des entreprises. Ont notamment été pris en compte les enseignements tirés, dans le domaine de la gouvernance d'entreprise, de l'analyse de la crise financière mondiale et de la multiplication des participations transnationales ainsi que de la transformation du fonctionnement des marchés boursiers et des conséquences de l'allongement et de la complexification de la chaîne reliant l'épargne des ménages et les investissements des entreprises. Les conclusions de ces recherches, effectuées à partir de l'observation des faits, ont inspiré les recommandations formulées dans les *Principes*. Ces derniers recouvrent en outre les droits d'un grand nombre de parties prenantes dont les emplois et l'épargne constituée en vue de la retraite sont fonction de la performance et de l'intégrité du secteur des entreprises.

Désormais, la priorité doit être de faire bon usage des *Principes* et de permettre aux pays et aux entreprises de récolter les fruits de l'amélioration de la gouvernance d'entreprise qu'ils promettent. C'est à cette fin que l'OCDE s'emploiera, en collaboration avec le G20, les institutions nationales et d'autres organisations internationales, à évaluer la qualité du cadre régissant la gouvernance d'entreprise et à appuyer la mise en application des *Principes* sur le terrain.

Angel Gurría
Secrétaire général de l'OCDE

À propos des *Principes*

Les *Principes* ont pour objet d'aider les responsables de l'action publique à évaluer et améliorer le cadre juridique, réglementaire et institutionnel, organisant la gouvernance d'entreprise afin de favoriser l'efficience économique, une croissance durable et la stabilité financière. Pour atteindre ce but, il s'agit principalement d'offrir aux actionnaires, aux administrateurs et aux dirigeants ainsi qu'aux intermédiaires financiers et aux prestataires de services, les incitations voulues pour qu'ils s'acquittent de leurs missions en respectant l'équilibre des pouvoirs.

Les *Principes* ont été rédigés à l'intention de la communauté internationale dans un souci de concision, de clarté et de lisibilité. De ce fait, il appartient aux pouvoirs publics, aux organismes parapublics ou au secteur privé d'évaluer la qualité du cadre régissant la gouvernance d'entreprise et d'élaborer des dispositions plus détaillées, à caractère obligatoire ou volontaire, prenant en compte les différences d'ordre économique, juridique et culturel, entre les pays.

Les *Principes* visent principalement les sociétés faisant publiquement appel à l'épargne, à vocation financière ou non financière. Dans la mesure où ils leur sont applicables, les *Principes* peuvent contribuer utilement à améliorer la gouvernance de sociétés dont les actions ne sont pas cotées en bourse. Si certains des *Principes* peuvent se révéler plus adaptés aux grandes sociétés qu'aux plus petites, les responsables de l'action publique souhaiteront peut-être sensibiliser davantage l'ensemble des sociétés à la qualité de la gouvernance, y compris les plus petites et celles qui ne sont pas cotées.

La gouvernance d'entreprise fait référence aux relations entre la direction d'une entreprise, son conseil d'administration, ses actionnaires et d'autres parties prenantes. Il détermine également la structure par laquelle sont définis les objectifs d'une entreprise, ainsi que les moyens de les atteindre et d'assurer une surveillance des résultats obtenus.

Les *Principes* n'ont pas vocation à porter préjudice ou anticiper sur les jugements d'affaires des participants au marché, des administrateurs et des responsables de la société. Ce qui fonctionne dans une société ou pour un groupe d'investisseurs ne s'applique pas nécessairement à l'ensemble des entreprises ou aux entreprises d'importance systémique.

Les *Principes* prennent en compte les intérêts des salariés et autres parties prenantes ainsi que la contribution importante qu'ils apportent à la réussite et aux résultats à long terme de la société. Certains autres facteurs pertinents pour les processus de décision, notamment les préoccupations environnementales, éthiques et de lutte contre la corruption, sont également pris en considération dans les *Principes*, mais ils sont traités plus précisément dans d'autres instruments, dont les *Principes directeurs de l'OCDE à l'intention des entreprises multinationales*, la *Convention sur la lutte contre la corruption d'agents publics étrangers dans les transactions commerciales internationale*, les *Principes directeurs des Nations Unies relatifs aux entreprises et aux droits de l'homme* et la *Déclaration de l'OIT relative aux principes et droits fondamentaux au travail*, qui sont cités en référence dans les *Principes*.

Les *Principes* ont été élaborés en sachant que les politiques en matière de gouvernance d'entreprise ont une contribution importante à apporter à la réalisation d'objectifs économiques de portée générale intéressant la confiance des investisseurs et la formation et l'affectation du capital.

La qualité de la gouvernance influe sur le coût, pour les entreprises, de l'accès au capital mobilisable pour financer leur croissance ainsi que sur la confiance avec laquelle ceux qui procurent des capitaux – directement ou indirectement – peuvent participer et contribuer à la création de valeur par ces entreprises dans des conditions justes et équitables. L'ensemble des règles et pratiques de gouvernance d'entreprise constitue donc globalement un cadre permettant de combler plus facilement l'écart entre l'épargne des ménages et le besoin d'investissement dans l'économie réelle. Une gouvernance de qualité est donc de nature à assurer aux actionnaires et autres parties prenantes que leurs droits sont protégés et à ouvrir aux sociétés la possibilité de se procurer des capitaux à moindre coût grâce à un accès facilité aux marchés financiers.

C'est un paramètre d'une importance déterminante sur les marchés financiers mondialisés d'aujourd'hui. Les flux internationaux de capitaux permettent aux entreprises de se procurer des fonds auprès d'une population beaucoup plus large d'investisseurs. Pour pouvoir pleinement bénéficier de la mondialisation des marchés de capitaux et attirer des capitaux « patients » à long terme, les sociétés et les pays doivent se doter de régimes de gouvernance d'entreprise crédibles et lisibles à l'étranger, et respecter un socle minimum de principes reconnus. Même si les capitaux étrangers ne représentent pas la principale source de financement pour les entreprises, l'existence d'un cadre crédible de gouvernance d'entreprise, étayé par des mécanismes efficaces de surveillance et de mise en application, contribue à accroître la confiance des investisseurs nationaux, réduit le coût du capital, concourt au bon fonctionnement des marchés de capitaux, et, en définitive, confère davantage de stabilité aux sources de financement.

Il n'existe pas de modèle unique de bonne gouvernance d'entreprise. Néanmoins, certains éléments communs conditionnent la qualité de la gouvernance. Les *Principes* prennent appui sur ces éléments communs et sont énoncés de façon à couvrir les différents modèles existants. Par exemple, ils ne préconisent pas une structure spécifique de conseil d'administration et, dans les *Principes*, le terme « conseil d'administration » renvoie aux différents modèles nationaux d'organisation de ces conseils. Dans le système classique comportant deux organes distincts retenu dans certains pays, le terme « conseil d'administration » tel qu'il figure dans les *Principes* désigne en fait le « conseil de surveillance », alors que les « principaux dirigeants » désignent le « directoire ». Dans les systèmes comportant un organe unique placé sous la surveillance d'un organe d'audit interne, les principes applicables au conseil d'administration s'appliquent *mutatis mutandis*. Parce que la définition du terme « principaux dirigeants » peut varier selon les pays et en fonction du contexte, les *Principes* laissent à chaque pays la latitude pour le définir d'une manière pragmatique adaptée au résultat attendu des *Principes*. Les termes « société » et « entreprise » sont employés indifféremment dans le texte.

Les *Principes* ne sont pas contraignants et ne visent pas à donner des prescriptions détaillées à transposer dans les législations nationales. Ils ont plutôt pour but de définir des objectifs et de suggérer différents moyens de les atteindre. Ils sont destinés à représenter une référence solide, mais offrant une certaine souplesse, aux responsables de l'action publique et aux participants au marché s'employant à bâtir leurs propres cadres de gouvernance d'entreprise. Pour rester compétitives dans un monde en mutation constante, les entreprises doivent savoir innover et adapter leurs pratiques de gouvernance afin de pouvoir répondre à de nouvelles attentes et saisir les opportunités qui s'offrent à elles. Les pouvoirs publics ont l'importante responsabilité d'élaborer, en prenant en considération les coûts et les avantages de l'adoption d'une réglementation, un régime efficace et suffisamment souple de gouvernance pour permettre au marché de bien fonctionner et de satisfaire les nouvelles exigences des actionnaires et des autres parties prenantes.

Les *Principes* sont largement utilisés comme référence par des pays et territoires du monde entier. Ils ont été adoptés comme l'une des douze normes fondamentales pour la solidité des systèmes financiers du Conseil de stabilité financière et servent de référence pour l'évaluation portant sur la composante consacrée à la gouvernance d'entreprise des Rapports sur l'observation des normes et codes de la Banque mondiale.

Les *Principes* ont par nature un caractère évolutif et sont appelés à être revus en fonction des changements significatifs du contexte général afin qu'ils conservent leur fonction d'instrument pionnier éclairant la formulation de l'action publique dans le domaine de la gouvernance d'entreprise.

Les *Principes* s'articulent autour de six chapitres différents : I) Mise en place des fondements d'un régime efficace de gouvernance d'entreprise ; II) Droits et traitement équitable des actionnaires, et principales fonctions des détenteurs du capital ; III) Investisseurs institutionnel, marchés boursiers et autres intermédiaires ; IV) Rôle des différentes parties prenantes dans la gouvernance d'entreprise ; V) Transparence et diffusion de l'information ; et VI) Responsabilités du conseil d'administration. Chacun des chapitres qui viennent d'être énumérés commence par l'énoncé, en italique et en gras, d'un grand principe décliné en un certain nombre de « sous-principes ». Les *Principes* sont complétés par des notes explicatives comprenant des commentaires relatifs aux *Principes* et destinées à éclairer le lecteur sur la logique sur laquelle ils reposent. Ces notes décrivent en outre les tendances dominantes ou celles qui se dessinent, et présentent des méthodes alternatives de mise en œuvre ainsi que et des exemples pouvant être utiles pour la mise en pratique des *Principes*.

I. Mise en place des fondements d'un régime de gouvernance d'entreprise efficace

Le régime de gouvernance d'entreprise devrait concourir à la transparence et à l'équité des marchés ainsi qu'à l'efficience de l'affectation des ressources. Il devrait être compatible avec l'état de droit et garantir une surveillance et une mise en application efficaces.

Un régime de gouvernance d'entreprise efficace exige la mise en place d'un cadre juridique, réglementaire et institutionnel, approprié et efficace, sur lequel l'ensemble des intervenants sur le marché puissent s'appuyer lorsqu'ils établissent entre eux des relations contractuelles relevant du droit privé. Ce régime de gouvernance se compose normalement d'éléments relevant de la loi, de la réglementation, de mécanismes d'autodiscipline, d'engagements volontaires et des pratiques des entreprises qui sont le produit des circonstances, de l'histoire et des traditions propres à chaque pays. Dans ce domaine, l'équilibre souhaitable entre les dispositions législatives, la réglementation, l'autodiscipline, les normes volontaires, etc., varie donc d'un pays à l'autre. Les composantes législative et réglementaire du régime de gouvernance d'entreprise peuvent utilement être complétées par des instruments juridiques non contraignants fondés sur le principe « se conformer ou se justifier », notamment des codes de gouvernance d'entreprise, offrant une certaine flexibilité et permettant de tenir compte des spécificités de chaque société. Ce qui fonctionne bien dans une société, pour un investisseur ou une partie prenante en particulier, peut ne pas nécessairement être généralisable à des sociétés, des investisseurs et des parties prenantes intervenant dans un autre contexte et dans des circonstances différentes. En outre, avec l'accumulation d'expériences nouvelles et l'évolution du climat des affaires, il conviendra de revoir les différentes dispositions prévues par le régime de gouvernance d'entreprise et, si nécessaire, de les adapter.

Les pays voulant mettre en œuvre les *Principes* doivent étudier leur propre régime de gouvernance d'entreprise, notamment les mécanismes réglementaires et conditions d'admission à la cote, ainsi que les pratiques des entreprises, dans le but de préserver et d'accroître sa contribution à l'intégrité des marchés et aux performances de l'économie. À cet égard, il convient de prendre en considération les interactions et la complémentarité entre les diverses composantes du régime de gouvernance, ainsi que son aptitude générale à favoriser l'adoption de pratiques éthiques, responsables et transparentes, en matière de gouvernance d'entreprise. Cette analyse doit être considérée comme une étape importante de l'élaboration d'un régime de gouvernance efficace. À cet effet, l'organisation d'une véritable concertation publique s'inscrivant dans la durée est un élément capital qui fait généralement figure de bonne pratique. Dans certains pays, cette concertation devra peut-être être complétée par des initiatives visant à informer les sociétés et les parties prenantes des avantages résultant de l'observation de pratiques saines de gouvernance d'entreprise. De plus, lorsqu'ils élaborent un cadre régissant la gouvernance d'entreprise dans un pays, le législateur et l'instance chargée de la réglementation doivent prendre dûment en considération la nécessité d'instaurer un véritable dialogue et une coopération effective au niveau international ainsi que les résultats de ce processus. Dès lors que ces conditions sont réunies, le régime de gouvernance d'entreprise a davantage de chances de déjouer le piège de l'excès de réglementation, de concourir à l'épanouissement de l'esprit d'entreprise et de réduire les risques de conflits d'intérêts préjudiciables tant dans le secteur privé qu'au sein des institutions publiques.

A. **Un régime de gouvernance d'entreprise doit être élaboré en tenant compte de ses effets sur les performances globales de l'économie, de l'intégrité des marchés en promouvant leur transparence et leur bon fonctionnement, ainsi que des incitations qu'il crée pour les participants au marché**.

L'entreprise, en tant que forme d'organisation de l'activité économique, est un puissant moteur de la croissance. Le contexte législatif et réglementaire dans lequel les sociétés exercent leur activité revêt donc une importance fondamentale pour les résultats économiques globaux. Il incombe également aux pouvoirs publics de tracer un cadre qui soit suffisamment souple pour répondre aux besoins des sociétés exerçant leur activité dans des conditions très diverses en facilitant l'ouverture de nouvelles perspectives de création de valeur et de répartition optimale des ressources. Le cas échéant, le cadre de gouvernance d'entreprise doit donc autoriser une certaine proportionnalité, en particulier par rapport à la taille des sociétés cotées. Les autres facteurs pouvant nécessiter de la flexibilité sont notamment la structure de l'actionnariat et du contrôle de la société, son implantation géographique, ses secteurs d'activité et son stade de développement. Les responsables de l'action publique doivent continuer de concentrer leur action sur les résultats économiques finaux et, lorsqu'ils doivent faire des choix entre plusieurs politiques, procéder à une analyse de l'impact des principaux paramètres ayant des incidences sur le fonctionnement des marchés, par exemple des mécanismes d'incitation et de l'efficacité des dispositifs d'autodiscipline et de règlement des conflits d'intérêts systémiques. La transparence et le bon fonctionnement des marchés contribuent à discipliner les participants au marché et à promouvoir le fait qu'ils rendent des comptes.

B. Les dispositions législatives et réglementaires qui influent sur les pratiques de gouvernance d'entreprise doivent être compatibles avec l'état de droit, transparentes et pouvoir être mises en œuvre.

S'il y a lieu d'adopter de nouveaux textes législatifs ou réglementaires, notamment pour remédier à des imperfections manifestes du marché, ces textes doivent être élaborés de sorte qu'il soit possible de les mettre en œuvre et de les faire respecter avec efficacité et impartialité par toutes les parties. La consultation par les pouvoirs publics et les instances chargées de la réglementation des entreprises, des organisations qui les représentent et des autres parties prenantes, est un moyen efficace de parvenir à ce résultat. Des mécanismes doivent aussi être prévus pour permettre aux parties de protéger leurs droits. Afin d'éviter tout risque d'excès de réglementation ou d'impossibilité de faire appliquer un texte, et de se prémunir contre les conséquences non intentionnelles d'une réglementation qui pourrait compromettre ou fausser la dynamique des entreprises, les pouvoirs publics doivent concevoir les mesures qu'ils prennent sans perdre de vue les avantages et les coûts globaux qui s'y rattachent. L'évaluation de ces coûts et avantages doit prendre en considération la nécessité de faire respecter efficacement les textes, y compris la capacité des autorités de prévenir les comportements malhonnêtes et d'imposer des sanctions efficaces en cas d'infraction.

La puissance publique doit être investie de pouvoirs effectifs de mise en application et de sanction afin de détecter les comportements abusifs et d'assurer l'observation de pratiques saines de gouvernance d'entreprise. De plus, la mise en application peut également être assurée par des moyens de droit privé, et l'équilibre effectif entre la mise en application par des instances publiques et par des moyens de droit privé variera selon les caractéristiques propres à chaque pays.

Des objectifs de gouvernance d'entreprise sont également formulés dans des codes et normes volontaires qui n'ont pas le statut de loi ou de réglementation. Ces codes contribuent certes pour une part importante à améliorer les dispositifs de gouvernance d'entreprise, mais ils peuvent aussi laisser les actionnaires et les autres parties prenantes dans l'incertitude quant à leur statut et leurs conditions d'application. Lorsque des codes et principes font office de norme au niveau national ou de complément à des dispositions législatives ou réglementaires, la crédibilité du marché suppose de préciser clairement leur statut en termes de champ d'application, de mise en œuvre, de respect et de sanctions applicables.

C. La répartition des compétences entre les différentes instances chargées de la réglementation doit être clairement définie et conçue pour servir l'intérêt général.

Les pratiques et prescriptions en matière de gouvernance d'entreprise se situent généralement au confluent d'une multitude de domaines du droit, tels que le droit des sociétés, la réglementation des valeurs mobilières, les normes de comptabilité et de révision des comptes, le droit des faillites, le droit des contrats, le droit du travail et le droit fiscal. Les pratiques des sociétés en matière de gouvernance sont aussi souvent influencées par la législation sur les droits de l'homme et l'environnement. Dans ces conditions, la diversité des sources de droit concernées risque d'occasionner des chevauchements indésirables, voire des conflits, pouvant entraver la réalisation d'objectifs fondamentaux de gouvernance d'entreprise. Il est important que les pouvoirs publics aient conscience de ce risque et prennent des mesures pour le circonscrire. La mise en œuvre effective des règles en vigueur impose aussi une répartition claire des missions de surveillance, de mise en œuvre et d'application de ces règles entre les diverses instances de sorte que les compétences respectives des organes et organismes complémentaires soient respectées et exploitées au mieux. Les conflits d'objectifs potentiels, surgissant par exemple lorsque la même institution est chargée d'attirer des entreprises et de sanctionner des infractions, doivent être évités ou résolus au moyen de dispositions claires en matière de gouvernance. Les recoupements, voire les contradictions, entre les réglementations nationales des différents pays constituent également une difficulté qui doit être appréhendée de telle manière qu'il ne puisse pas se développer de vide réglementaire (c'est-à-dire de situations pour lesquelles aucune instance n'a explicitement compétence) et que le coût pour les sociétés de la mise en conformité avec de multiples systèmes soit minimisé. Lorsque les responsabilités en matière de réglementation ou la surveillance sont déléguées à des organismes non publics, il est souhaitable d'évaluer expressément pour quels motifs et dans quelles circonstances cette délégation est souhaitable. En outre, les pouvoirs publics doivent veiller à l'efficacité des mesures de protection destinées à garantir que la délégation de pouvoir est exercée de manière équitable, cohérente et conforme au droit. Il est en outre primordial que la structure de gouvernance d'une institution investie d'une telle mission soit transparente et serve l'intérêt général.

D. La réglementation des marchés d'actions doit favoriser une gouvernance d'entreprise efficace.

Les marchés d'actions peuvent apporter une contribution non négligeable à l'amélioration de la gouvernance d'entreprise en imposant et en faisant respecter des obligations favorisant une gouvernance d'entreprise efficace de la part des émetteurs cotés. De plus, ils mettent à la disposition des investisseurs des systèmes par lesquels ceux-ci peuvent exprimer leur intérêt ou leur désintérêt pour la gouvernance telle qu'elle est pratiquée par un émetteur en particulier puisque ce sont ces systèmes qui leur offrent la possibilité d'acquérir ou de céder les titres de cet émetteur. La qualité des règles et réglementations définissant les critères d'admission à la cote des émetteurs et gouvernant les plateformes de négociation est donc un élément très important du régime de gouvernance d'entreprise.

Les marchés que l'on appelait traditionnellement les « marchés boursiers » prennent aujourd'hui des formes et des configurations très diverses. La plupart des grands marchés boursiers sont eux-mêmes désormais des sociétés par actions faisant publiquement appel à l'épargne et ayant vocation à optimiser leurs bénéfices, qui sont exposées à la concurrence d'autres bourses et plateformes de négociation à but lucratif. Indépendamment de la structure particulière qui caractérise le marché boursier, les responsables de l'action publique et de la réglementation doivent évaluer le rôle spécifique des places boursières et des plateformes de négociation au regard de l'établissement de normes et de la surveillance et de la mise en application des règles de gouvernance d'entreprise. Ils doivent pour cela analyser comment les différents modèles économiques de place boursière influent sur les incitations qui leur sont adressées et sur leur aptitude à remplir les fonctions susmentionnées.

E. Les instances compétentes en matière de surveillance, de réglementation et de mise en application doivent avoir le pouvoir, l'intégrité et les ressources, leur permettant de mener à bien leurs missions avec professionnalisme et objectivité. En outre, leurs décisions doivent intervenir en temps voulu et être transparentes et motivées.

Les compétences en matière de surveillance, de réglementation et de mise en application, doivent être confiées à des instances qui soient indépendantes sur le plan opérationnel et rendent compte de la manière dont elles exercent les missions et les pouvoirs dont elles sont investies, qui soient dotées de pouvoirs et de ressources suffisantes et qui aient les compétences requises pour exécuter leurs missions et exercer leur pouvoir, y compris en ce qui concerne la gouvernance d'entreprise. Un grand nombre de pays ont réglé la question de l'indépendance des autorités de surveillance des marchés de valeurs mobilières en créant un organe directeur officiel (comité, conseil, commission) dont les membres sont nommés pour une durée déterminée. Si les nominations sont échelonnées et si l'on fait en sorte qu'elles soient indépendantes du calendrier politique, l'indépendance peut s'en trouver encore renforcée. Cet organe doit être en mesure de remplir ses fonctions à l'abri de tout conflit d'intérêts et ses décisions doivent être soumises à un contrôle juridictionnel ou administratif. Avec la multiplication des OST et l'augmentation du volume des informations diffusées, les ressources affectées à la surveillance, à la réglementation et au contrôle du respect des règles en vigueur risquent de devenir insuffisantes. Aussi, pour pouvoir suivre le rythme des mutations, les instances concernées auront des besoins considérables de personnel hautement qualifié pour exercer une véritable surveillance et effectuer des enquêtes, ce qui nécessitera des financements adéquats. Leur aptitude à attirer les personnes compétentes par des conditions d'emploi compétitives améliorera la qualité et l'indépendance de la surveillance et du contrôle de l'application des dispositions en vigueur.

F. La coopération transnationale doit être renforcée, notamment dans le cadre d'accords bilatéraux et multilatéraux d'échange de renseignements.

La multiplication des participations et des transactions transnationales exige une coopération internationale étroite entre les autorités chargées de la réglementation, notamment dans le cadre d'accords bilatéraux et multilatéraux d'échange de renseignements. La coopération internationale devient de plus en plus importante pour la gouvernance d'entreprise, notamment lorsque les sociétés exercent des activités dans un grand nombre de pays par l'intermédiaire d'entités cotées et non cotées, et souhaitent se faire admettre à la cote de plusieurs marchés boursiers dans des pays différents.

II. Droits et traitement équitable des actionnaires, et principales fonctions des détenteurs du capital

Un régime de gouvernance d'entreprise doit protéger les droits des actionnaires et faciliter leur exercice, et assurer un traitement équitable de tous les actionnaires, y compris les actionnaires minoritaires et étrangers. Tout actionnaire doit avoir la possibilité d'obtenir la réparation effective de toute violation de ses droits.

Les investisseurs en actions disposent de certains droits de propriété. Une action d'une société faisant publiquement appel à l'épargne peut par exemple être achetée, vendue ou transférée. Elle habilite également l'investisseur à être associé à la répartition des bénéfices de la société, tandis que sa responsabilité est limitée au montant de son investissement. En outre, la propriété d'une action confère au propriétaire un droit d'être informé sur la société et un droit d'influencer la société, essentiellement en participant aux assemblées générales des actionnaires et en exerçant ses droits de vote.

En pratique, cependant, la société ne peut pas être gérée au moyen de référendums auprès des actionnaires L'actionnariat se compose de particuliers et d'institutions dont les intérêts, les objectifs, les horizons et les capacités d'investissement diffèrent. De plus, la direction de la société doit être à même de prendre rapidement des décisions commerciales. Compte tenu de ces réalités et de la complexité que revêt la gestion des affaires d'une société sur des marchés en évolution rapide et en mutation constante, il ne faut pas attendre des actionnaires qu'ils assument la responsabilité de la gestion des activités de la société. La responsabilité de la stratégie et des activités de la société est en règle générale confiée au conseil d'administration et à l'équipe dirigeante composée de membres sélectionnés, motivés et, si nécessaire, remplacés par le conseil d'administration.

Le droit des actionnaires d'influencer la société se concentre sur certaines questions fondamentales comme l'élection des administrateurs, ou tout autre moyen d'influer sur la composition du conseil d'administration, les modifications des documents organiques de la société, l'approbation d'opérations à caractère exceptionnel, ou encore d'autres questions fondamentales spécifiées dans le droit des sociétés et dans les statuts de chaque société. Cette section peut être considérée comme un énoncé des droits les plus élémentaires des actionnaires qui sont reconnus par la loi dans la plupart des pays. D'autres droits, comme l'approbation de la nomination ou l'élection des auditeurs, la nomination directe des administrateurs, la possibilité de remettre des actions en nantissement, l'approbation de la distribution des bénéfices, le droit des actionnaires de voter sur la rémunération des administrateurs et des principaux dirigeants, l'approbation des transactions significatives avec des parties liées, etc., ont également été établis dans divers pays.

La confiance des investisseurs dans le fait que les capitaux qu'ils apportent seront protégés de tout abus ou détournement par les dirigeants de la société, les administrateurs ou les actionnaires de contrôle est déterminante pour le développement et le bon fonctionnement des marchés financiers. Les conseils d'administration des sociétés, les dirigeants et les actionnaires de contrôle peuvent avoir la possibilité de se livrer à des activités qui servent leurs propres intérêts au détriment de ceux des autres actionnaires. Lorsqu'on cherche à assurer la protection des investisseurs, on peut utilement opérer une distinction entre les droits *a priori* et *a posteriori* des actionnaires. Les droits *a priori* recouvrent par exemple les droits de préemption et les majorités qualifiées requises pour certaines décisions. Les droits a *posteriori* font référence aux voies de recours en cas de violation des droits reconnus aux actionnaires. Dans les pays où le cadre juridique et réglementaire n'est guère respecté, il peut être souhaitable de renforcer les droits *a priori* des actionnaires notamment en fixant à de faibles niveaux les seuils à dépasser en termes de participation au capital pour pouvoir faire inscrire un point à l'ordre du jour de l'assemblée générale des actionnaires ou en exigeant l'approbation d'une très grande majorité des actionnaires pour certaines décisions importantes. Les *Principes* préconisent un traitement équitable des actionnaires étrangers et nationaux en matière de gouvernance d'entreprise. Ils ne traitent pas des mesures prises par les pouvoirs publics pour réglementer l'investissement direct étranger.

L'un des moyens par lesquels les actionnaires peuvent faire valoir leurs droits consiste à pouvoir engager des procédures juridiques et administratives contre la direction et les administrateurs. L'expérience a montré qu'un baromètre important de la protection des droits des actionnaires est l'existence de méthodes efficaces pour obtenir réparation des dommages à un coût raisonnable et sans délai excessif. La confiance des investisseurs minoritaires se trouve renforcée lorsque le système juridique prévoit des mécanismes leur permettant d'engager des actions en justice quand ils ont des raisons valables de penser que leurs droits ont été lésés. La mise en place de mécanismes visant à faire respecter les dispositions en vigueur est l'une des principales missions du législateur et des instances chargées de la réglementation.

Il y a quelque risque qu'un système juridique permettant à n'importe quel investisseur de contester les activités d'une société devant les tribunaux ne donne lieu à un nombre excessif de procédures judiciaires. C'est pourquoi, dans de nombreux systèmes juridiques, des dispositions ont été instituées pour protéger les dirigeants et les administrateurs contre les recours judiciaires abusifs, définissant des critères qui permettent de déterminer si les plaintes des actionnaires sont fondées sur des éléments suffisants ; ce sont ce qu'on appelle des régimes de protection des initiatives des dirigeants et des administrateurs (par exemple, la règle dite du « jugement d'affaire »), ainsi que des régimes de protection en matière de diffusion d'informations. En dernière analyse, il s'agit de trouver un équilibre entre le souci de permettre aux investisseurs d'engager des recours pour violation de leurs droits et celui d'éviter un nombre excessif de procédures judiciaires. De nombreux pays ont constaté que des procédures alternatives aux actions en justice, par exemple des auditions administratives ou des procédures d'arbitrage organisées par les autorités boursières ou d'autres instances de réglementation, peuvent s'avérer efficaces pour le règlement des litiges, du moins en première instance. Les procédures engagées auprès de tribunaux spécialisés peuvent également être un instrument pratique pour obtenir rapidement des injonctions, et en fin de compte, un règlement rapide des litiges.

A. Les droits élémentaires des actionnaires doivent comprendre le droit : 1) de bénéficier de méthodes fiables d'enregistrement de leurs titres ; 2) de pouvoir céder ou de transférer des actions ; 3) d'obtenir en temps opportun et de façon régulière des informations pertinentes et significatives sur la société ; 4) de participer et de voter aux assemblées générales des actionnaires ; 5) d'élire et de révoquer les administrateurs ; et 6) d'être associés au partage des bénéfices de la société.

B. Les actionnaires doivent être suffisamment informés sur les décisions concernant des changements fondamentaux pour la société, et avoir le droit de les approuver ou d'y participer, notamment pour : 1) toute modification des statuts de la société ou de tout autre document analogue régissant la société ; 2) toute autorisation d'émission de nouvelles actions ; 3) toute opération à caractère exceptionnel, notamment le transfert de tous ou quasiment tous les actifs, se traduisant dans les faits par la cession de la société.

La capacité des entreprises de constituer des partenariats et des sociétés apparentées et de leur transférer des actifs opérationnels, des droits de participation financière ou d'autres droits et obligations est un aspect important de la flexibilité des entreprises et de la délégation de responsabilités au sein d'organisations complexes. Elle permet également aux entreprises de se défaire d'actifs opérationnels et de devenir des sociétés de portefeuille. Néanmoins, faute d'un système adéquat d'équilibrage des pouvoirs, cette possibilité peut également être utilisée à des fins abusives.

C. Les actionnaires doivent avoir la possibilité de participer effectivement et de voter aux assemblées générales des actionnaires et d'être informés du règlement de ces assemblées, notamment des procédures de vote :

1. **Les actionnaires doivent avoir accès en temps opportun à des informations suffisantes concernant la date, le lieu et l'ordre du jour, des assemblées générales, ainsi qu'à des informations complètes sur les décisions devant être prises lors de l'assemblée générale.**

2. **Les démarches et procédures relatives aux assemblées générales d'actionnaires doivent assurer un traitement équitable de l'ensemble des actionnaires. Les procédures propres aux sociétés ne doivent pas rendre l'exercice du droit de vote par les actionnaires inutilement difficile ou onéreux.**

Le droit de participer aux assemblées générales d'actionnaires est un droit fondamental de l'actionnaire. Les dirigeants et les actionnaires de contrôle ont parfois cherché à dissuader les investisseurs minoritaires ou étrangers d'essayer d'influencer l'orientation de l'entreprise. Certaines sociétés ont fait payer des frais pour l'exercice des droits de vote. Parmi les autres obstacles potentiels, on peut citer l'interdiction du vote par procuration et l'obligation d'être physiquement présent à l'assemblée générale pour pouvoir voter, la tenue de l'assemblée en un lieu éloigné et les votes à main levée uniquement. D'autres méthodes encore peuvent rendre pratiquement impossible l'exercice des droits de vote. Les documents de vote peuvent être envoyés à une date trop rapprochée de la date de l'assemblée générale pour laisser aux investisseurs le temps pour la réflexion et les consultations. Nombreuses sont les sociétés qui cherchent à améliorer les modes de communication et les processus de décision en concertation avec les actionnaires. Les efforts des sociétés pour supprimer les obstacles artificiels à la participation des actionnaires aux assemblées générales méritent d'être encouragés et le régime de gouvernance d'entreprise doit faciliter le recours au vote électronique « *in absentia* », y compris la distribution par voie électronique des documents relatifs aux procurations et le recours à des systèmes fiables de confirmation des votes. Dans les pays où la mise en application par des moyens de droit privé est peu développée, les autorités chargées de la réglementation doivent être en mesure de lutter contre les pratiques iniques en matière de vote.

3. **Les actionnaires doivent avoir la possibilité, dans des limites raisonnables, de poser des questions au conseil d'administration, y compris des questions relatives à la révision annuelle des comptes effectuée par**

des auditeurs externes, de faire inscrire des points à l'ordre du jour des assemblées générales et de proposer des résolutions.

Afin d'encourager la participation des actionnaires aux assemblées générales, nombre de pays ont amélioré la possibilité pour les actionnaires de faire inscrire des points à l'ordre du jour grâce à une procédure simple et claire permettant de déposer des amendements et des résolutions, de soumettre à l'avance des questions à l'assemblée générale et d'obtenir des réponses de la direction et des administrateurs. Les actionnaires doivent aussi avoir la possibilité de poser des questions concernant le rapport des auditeurs externes. Il est normal que les sociétés s'emploient à éviter l'utilisation abusive de ces possibilités. Il est raisonnable, par exemple, d'exiger, pour que des résolutions proposées par des actionnaires soient inscrites à l'ordre du jour, qu'elles recueillent l'appui d'actionnaires détenant une certaine fraction, exprimée en valeur de marché ou en pourcentage, des actions ou droits de vote. Ce seuil doit être déterminé compte tenu du degré de concentration de l'actionnariat de manière à faire en sorte que les actionnaires minoritaires ne soient pas privés dans les faits de toute possibilité de faire inscrire un point à l'ordre du jour. Les résolutions proposées par des actionnaires qui sont approuvées et qui relèvent de la compétence de l'assemblée générale des actionnaires doivent être prises en considération par le conseil d'administration.

4. **Il convient de faciliter la participation réelle des actionnaires aux grandes décisions relevant de la gouvernance d'entreprise, notamment la nomination et l'élection des administrateurs. Les actionnaires doivent le cas échéant pouvoir faire entendre leur opinion, y compris en votant à l'assemblée générale annuelle des actionnaires, sur la rémunération des administrateurs et/ou des principaux dirigeants. La composante en actions de la rémunération des administrateurs, des principaux dirigeants et des salariés doit être soumise à l'approbation des actionnaires.**

Élire les membres du conseil d'administration est l'un des droits élémentaires des actionnaires. Pour qu'il y ait un réel processus d'élection, les actionnaires doivent pouvoir participer à la désignation des candidats aux postes d'administrateurs et voter sur des candidatures individuelles ou pour différentes listes de candidats. C'est à cette fin que les actionnaires ont accès dans un certain nombre de pays aux documents de vote de la société, lesquels sont communiqués aux actionnaires dans des conditions destinées à prévenir les abus éventuels. En ce qui concerne la désignation des candidats, les conseils d'administration d'un grand nombre de sociétés ont mis en place des comités de nomination qui veillent au respect des procédures de désignation établies, et facilitent et coordonnent la recherche d'administrateurs afin de composer un conseil d'administration équilibré et compétent. L'attribution d'un rôle central aux administrateurs indépendants au sein de ce comité est considérée comme une bonne pratique. Pour améliorer encore le processus de sélection, les *Principes* préconisent en outre la communication en temps opportun de toutes les informations sur l'expérience et le parcours des candidats à un poste d'administrateur ainsi que sur le processus de désignation, ce qui permet d'apprécier en connaissance de cause les capacités de chaque candidat et son aptitude à occuper un tel poste. Divulguer en outre les informations relatives aux autres sièges d'administrateurs que les candidats occupent déjà ou, dans certains pays, pour lesquels ils ont été désignés, est également considérée comme une bonne pratique.

Les *Principes* invitent le conseil d'administration à rendre publique la rémunération des administrateurs et des principaux dirigeants. Il importe en particulier que les actionnaires aient connaissance de la politique de rémunération ainsi que de la valeur totale des mécanismes de rétribution institués en vertu de cette politique. Les actionnaires sont également intéressés par la manière dont les rémunérations sont liées aux résultats de la société lorsqu'ils évaluent les compétences du conseil d'administration et les qualités qu'ils doivent rechercher chez les candidats aux postes d'administrateurs. Les différentes formules permettant aux actionnaires de se prononcer sur la rémunération (que leur vote soit décisif ou seulement consultatif, qu'il s'agisse d'un vote *a priori* et/ou *a posteriori*, qu'il concerne les administrateurs et/ou les principaux dirigeants, qu'il porte sur les rémunérations individuelles et/ou globales, sur la politique de rémunération et/ou sur la rémunération effective) jouent un rôle important dans la transmission au conseil d'administration de la vigueur et de la tonalité de l'opinion des actionnaires. S'agissant des mécanismes de rémunération au moyen d'actions, le fait qu'ils puissent entraîner une dilution du capital social et qu'ils influent puissamment sur les incitations adressées aux dirigeants conduit à estimer qu'ils doivent être soumis à l'approbation des actionnaires soit au cas par cas, soit au niveau du dispositif dans son ensemble. L'approbation des actionnaires doit également être requise pour toute modification significative des mécanismes de rémunération en vigueur.

5. Les actionnaires doivent pouvoir exercer leur droit de vote personnellement ou *in absentia*, et les votes ainsi exprimés doivent avoir la même valeur.

La volonté de faciliter la participation des actionnaires est une invitation pour les pays et/ou les sociétés à encourager un recours élargi aux technologies de l'information pour le vote, notamment le recours au vote électronique sécurisé dans toutes les sociétés cotées. Les *Principes* recommandent que le vote par procuration soit généralement accepté. De fait, il est important pour la promotion et la protection des droits des actionnaires que les investisseurs puissent recourir à un vote par procuration assorti de consignes. Le régime de gouvernance d'entreprise doit garantir que les droits de vote exercés par procuration le sont en application des consignes du mandant. Dans les pays où les sociétés sont autorisées à collecter des procurations, il importe de faire savoir comment le Président de l'assemblée (en sa qualité de destinataire habituel des procurations données par les actionnaires à la société) exercera les droits de vote correspondant aux procurations non assorties de consignes. Lorsque c'est le conseil d'administration ou la direction qui détient les procurations pour des fonds de pension d'entreprises et dans le cadre de plans d'actionnariat des salariés, les consignes de vote doivent être rendues publiques. Il est considéré comme une bonne pratique de ne pas assortir d'un droit de vote, ni comptabiliser dans le calcul du quorum, les actions propres et les actions de la société détenues par des filiales.

6. Il convient d'éliminer les obstacles entravant l'exercice des votes transnationaux.

Les investisseurs étrangers détiennent souvent leurs actions par l'entremise de toute une chaîne d'intermédiaires. Ces actions figurent généralement sur des comptes ouverts auprès d'intermédiaires qui possèdent eux-mêmes des comptes auprès d'intermédiaires et de dépositaires centraux nationaux établis dans d'autres pays tandis que la société cotée est résidente d'un troisième pays. Ces circuits transnationaux posent des problèmes singuliers lorsqu'il s'agit de déterminer dans quelle mesure les actionnaires étrangers sont fondés à exercer leurs droits de vote et de définir un mode de communication avec ces actionnaires. Si l'on y ajoute les pratiques des entreprises qui prévoient des délais de notification très brefs, les actionnaires ne disposent souvent que d'un délai très court pour répondre à une convocation de la société et prendre des décisions éclairées sur les points devant faire l'objet d'une décision. Cela rend les votes transnationaux très difficiles. Le cadre législatif et réglementaire doit préciser qui est habilité à contrôler les droits de vote transnationaux et, le cas échéant, permettre de simplifier les circuits. En outre, les délais de notification accordés doivent être suffisamment longs pour que les actionnaires étrangers aient les mêmes possibilités que les actionnaires nationaux d'exercer leurs fonctions de détenteurs du capital. Pour faciliter encore le vote des actionnaires étrangers, les lois, réglementations et pratiques en vigueur doivent autoriser sans aucune discrimination leur participation par des moyens électroniques.

D. Les actionnaires, notamment les investisseurs institutionnels, doivent être autorisés à se consulter entre eux sur toute question relative aux droits élémentaires que leur confère leur statut d'actionnaire, tels que définis dans les *Principes*, *sous réserve de certaines exceptions destinées à prévenir des abus.*

Il est admis depuis longtemps que, dans les sociétés où l'actionnariat est dispersé, il arrive que les actionnaires ne détiennent pas une participation suffisante au capital de la société pour justifier le coût de l'activisme ou de l'investissement nécessaire à la surveillance des résultats. Par ailleurs, si certains petits porteurs consacrent effectivement des ressources à des activités de cette nature, d'autres en bénéficient aussi sans avoir contribué à la prise en charge des coûts correspondants (et deviennent ainsi des « passagers clandestins »). Ce problème, qui amoindrit les incitations à exercer un suivi, n'est probablement pas aussi préoccupant pour les institutions, en particulier les institutions financières agissant à titre fiduciaire, qui doivent choisir entre porter leurs participations au capital d'une société à un niveau significatif ou diversifier simplement leur portefeuille. Les autres coûts inhérents à la détention d'une participation significative peuvent toutefois être encore très élevés. Dans beaucoup de cas, les investisseurs institutionnels se voient privés de cette possibilité parce que cela irait au-delà de leurs capacités ou exigerait qu'ils investissent dans une même société une part de leurs actifs supérieure à ce que dicterait la prudence. Pour combler cette asymétrie en faveur de la diversification, il conviendrait de les autoriser, voire de les encourager, à coopérer et coordonner leurs initiatives lors de la désignation des candidats à des postes d'administrateurs et de leur élection, ou de l'inscription de propositions à l'ordre du jour des assemblées, ainsi qu'à avoir des échanges directs avec une société pour en améliorer la gouvernance. De façon plus générale, les actionnaires devraient être autorisés à communiquer entre eux sans devoir se soumettre aux formalités liées à la sollicitation de procurations.

Il convient toutefois d'admettre qu'une coopération entre investisseurs risque également de servir à manipuler les marchés et à obtenir le contrôle d'une société en échappant à la réglementation sur les OPA ou sur la diffusion d'informations. Par ailleurs, la coopération peut aussi être un moyen de contourner le droit de la concurrence. Cependant, si la coopération n'interfère pas avec des questions de contrôle et n'entre pas en conflit avec les préoccupations d'efficience et d'équité des marchés, on peut encore espérer en retirer des avantages liés à un actionnariat plus actif. Pour plus de clarté aux yeux des actionnaires, les autorités chargées de la réglementation peuvent publier des orientations sur les modalités de coordination et les accords constituant, ou ne constituant pas, des agissements de concert dans le contexte des règles anti-OPA et autres règles en vigueur.

E. Il convient de rendre publics les structures du capital et les dispositifs qui permettent à certains actionnaires d'exercer sur une société une influence ou un contrôle disproportionné par rapport au montant de leur participation.

1. Toutes les actions d'une série d'actions d'une classe donnée doivent conférer les mêmes droits. Tous les investisseurs doivent pouvoir obtenir des informations sur les droits attachés à chaque série et

classe d'actions avant même d'acquérir des titres. Toute modification des droits économiques ou des droits de vote doit être soumise à l'approbation des classes d'actionnaires affectées négativement par cette décision.

Ce sont la direction et le conseil d'administration qui sont les mieux placés pour décider de la structure optimale de l'actionnariat de l'entreprise, sous réserve de son approbation par les actionnaires. Certaines sociétés émettent des actions privilégiées (ou préférentielles) qui confèrent un droit préférentiel au moment de la distribution des bénéfices de l'entreprise, mais qui sont normalement dépourvues de droits de vote ou assorties de droits de vote limités. Les sociétés peuvent également émettre des certificats de participation ou des actions sans droit de vote ou assorties de droits de vote limités qui, normalement, s'échangent à des prix différents de ceux des actions assorties de tels droits. Toutes ces structures peuvent être efficaces pour la répartition des risques et des bénéfices selon des modalités qui apparaissent dans l'intérêt bien compris de l'entreprise et de son financement efficient.

Les investisseurs sont en droit d'être informés sur leurs droits de vote avant d'investir. Une fois qu'ils ont investi, ces droits ne devraient pas être modifiés, à moins que les détenteurs d'actions avec droits de vote aient eu la possibilité de participer à la décision. Les propositions visant à modifier les droits de vote accordés aux différentes séries et classes d'actions doivent être soumises à l'assemblée générale des actionnaires pour approbation à une majorité qualifiée (en principe supérieure à la majorité absolue) des actions avec droits de vote dans les catégories concernées.

2. Il doit être obligatoire de rendre publics les structures du capital et les dispositifs de contrôle.

Il existe des structures de l'actionnariat autorisant certains actionnaires à exercer sur une société donnée un contrôle disproportionné par rapport au montant de leur participation au capital. Les structures pyramidales et les participations croisées ainsi que les actions à droits de vote restreints ou multiples peuvent servir à réduire la capacité des actionnaires minoritaires à influer sur les orientations stratégiques de la société.

En dehors de la structure de l'actionnariat, d'autres dispositifs peuvent influencer le contrôle exercé sur la société. Les pactes d'actionnaires sont un moyen courant pour des groupes d'actionnaires qui, individuellement, peuvent détenir des fractions relativement faibles du capital total, d'agir de concert afin de constituer une majorité effective, ou à tout le moins le bloc d'actionnaires le plus important. Les pactes d'actionnaires confèrent généralement à leurs participants des droits préférentiels pour l'acquisition d'actions si d'autres parties au pacte souhaitent vendre. Ces pactes peuvent également contenir des dispositions imposant à ceux qui y souscrivent de ne pas vendre leurs actions pendant une durée déterminée. Les pactes d'actionnaires peuvent couvrir des questions comme les modalités de sélection des membres du conseil d'administration ou de son président. Les pactes peuvent également obliger ceux qui y ont souscrit à voter de la même manière. Certains pays ont jugé utile de surveiller attentivement ces pactes et d'en limiter la durée.

Le plafonnement des droits de vote limite le nombre de voix qu'un actionnaire est autorisé à détenir indépendamment du nombre d'actions qu'il peut effectivement posséder. Ce système de plafonnement redistribue en conséquence le contrôle de la société et peut avoir des conséquences sur les incitations pour les actionnaires à participer aux assemblées générales.

Compte tenu de la capacité de ces mécanismes à modifier l'influence exercée par les actionnaires sur les orientations stratégiques de la société, il doit être obligatoire de rendre publics les structures actionnariales et dispositifs de contrôle. C'est également un moyen pour les actionnaires et investisseurs potentiels d'être en mesure de prendre des décisions plus éclairées (voir chapitre V.3).

F. Les transactions effectuées avec des parties liées doivent être approuvées et réalisées selon des modalités qui garantissent une gestion adéquate des conflits d'intérêts et protègent les intérêts de la société et de ses actionnaires.

1. Les conflits d'intérêts liés à des transactions effectuées avec des parties liées doivent être pris en compte.

L'utilisation abusive de transactions avec des parties liées est un enjeu d'importance sur tous les marchés, mais particulièrement sur ceux où l'actionnariat est concentré et où des groupes d'entreprises occupent une place prépondérante. Interdire ces transactions n'est généralement pas la bonne solution car les transactions avec des parties liées ne sont en rien répréhensibles par nature dès lors que les conflits d'intérêts inhérents à ce type de transactions sont correctement gérés, notamment grâce à une information et un suivi adéquats. La question apparaît d'autant plus importante lorsqu'une part significative des revenus et/ou des coûts proviennent de transactions effectuées avec des parties liées.

Les pays doivent mettre en place un cadre efficace pour que ces transactions soient clairement signalées. Ce cadre doit comporter des définitions de large portée, mais précises, de ce qu'il convient de considérer comme une partie liée ainsi que des règles invitant à ne pas se préoccuper de certaines de ces transactions lorsqu'elles ne sont pas significatives parce que leur montant n'excède pas certains seuils fixés *a priori*, lorsqu'elles peuvent être considérées comme récurrentes et sont exécutées aux conditions du marché, et que ceci peut être vérifié, ou encore lorsqu'elles ont lieu avec des filiales dans lesquelles aucune partie liée n'a aucun intérêt spécifique. Lorsqu'il est établi qu'une transaction s a été effectuée avec des parties liées, les pays instituent des procédures d'approbation visant à en minimiser les effets potentiellement négatifs. Dans la plupart des pays, l'accent est placé en priorité sur l'approbation par le conseil d'administration, un rôle prépondérant étant souvent attribué aux administrateurs indépendants, ou sur l'obligation faite au conseil d'administration de justifier l'intérêt de la transaction pour la société. Il est également possible de faire en sorte que les actionnaires aient leur mot à dire pour l'approbation de certaines transactions tandis que les actionnaires concernés en sont exclus.

2. Les administrateurs et les principaux dirigeants doivent informer le conseil d'administration de tout intérêt significatif qu'ils pourraient avoir, directement, indirectement ou pour le compte de tiers dans une opération ou une affaire affectant directement la société.

Les membres du conseil d'administration, les principaux dirigeants [et, dans certains pays, les actionnaires de contrôle] ont obligation d'informer le conseil de toute relation spéciale, d'ordre commercial, familial ou autre, qu'ils pourraient avoir en dehors de la société et qui pourrait influencer leur jugement sur une opération particulière ou une affaire intéressant la société. La notion de relation spéciale recouvre des situations dans lesquelles un dirigeant ou un administrateur est en relation avec la société dans le cadre d'un partenariat avec un actionnaire qui est en position d'exercer un contrôle sur cette société. Lorsqu'il a été fait état d'un intérêt significatif, il est considéré comme une bonne pratique que la personne concernée ne soit associée à aucune décision en relation avec cette transaction ou affaire, et que la décision du conseil d'administration soit expressément motivée par d'autres considérations que l'existence de cet intérêt et/ou justifiée par l'intérêt que présente la transaction pour la société, en référence notamment aux conditions dans lesquelles la transaction est effectuée.

G. Les actionnaires minoritaires doivent être protégés contre les actes abusifs commis directement ou indirectement par les actionnaires de contrôle ou dans leur intérêt, et disposer de voies de recours efficaces. Les opérations pour compte propre abusives doivent être interdites.

Un grand nombre d'entreprises faisant publiquement appel à l'épargne ont un actionnaire de contrôle. Si la présence d'un actionnaire de contrôle permet de limiter le problème de la représentation grâce à une surveillance plus étroite de la gestion, des lacunes dans le cadre législatif et réglementaire risquent de donner lieu à des abus des droits des autres actionnaires. On parle d'opérations pour compte propre abusives lorsque des personnes en relation étroite avec la société, notamment des actionnaires de contrôle, tirent parti de ces relations au détriment de la société et des actionnaires.

Le risque d'abus est prononcé lorsque le droit permet, et lorsque le marché accepte, que les actionnaires de contrôle exercent un contrôle sans rapport avec les risques qu'ils assument en tant que détenteurs du capital en tirant parti de mécanismes juridiques permettant de séparer la propriété du contrôle, comme les structures pyramidales ou les droits de vote multiples. Ces abus peut revêtir des formes diverses, au nombre desquelles la captation d'avantages privés directs, se concrétisant par des rémunérations élevées ou l'attribution de primes pour les employés membres de la famille ou pour des associés, des transactions abusives avec des parties liées, des décisions commerciales systématiquement biaisées ou encore des modifications de la structure du capital obtenues au moyen d'émissions d'actions spéciales favorisant l'actionnaire de contrôle.

Au-delà de la diffusion d'informations, la clé de la protection des actionnaires minoritaires réside dans une définition claire de l'obligation de loyauté des administrateurs vis-à-vis de la société et de l'ensemble des actionnaires. De fait, on observe que les abus les plus graves commis à l'encontre des actionnaires minoritaires le sont dans des pays où le cadre législatif et réglementaire présente des lacunes à cet égard. Un problème spécifique se pose dans certains pays où l'on rencontre surtout des groupes d'entreprises et où la définition de l'obligation de loyauté d'un administrateur peut être ambiguë, ou même être interprétée comme une obligation de loyauté vis-à-vis du groupe. Pour faire face à ce type de situations, certains pays ont élaboré des ensembles de règles visant à en contrecarrer les effets négatifs, notamment en précisant qu'une transaction effectuée en faveur d'une autre société du groupe doit être compensée par un avantage correspondant reçu d'autres sociétés du groupe.

Parmi les autres dispositions courantes qui ont prouvé leur efficacité pour la protection des actionnaires minoritaires, on peut citer les droits de préemption sur les émissions d'actions, les majorités qualifiées requises pour certaines décisions des actionnaires et la possibilité de recourir aux votes cumulatifs pour l'élection des administrateurs. Dans certaines conditions, certains pays imposent ou permettent aux actionnaires de contrôle de racheter aux autres actionnaires leurs titres à un cours fixé par à l'issue d'une évaluation indépendante. Cette disposition prend une importance particulière lorsque les actionnaires de contrôle décident de retirer de la cote une entreprise. Il est aussi possible d'améliorer le respect des droits des actionnaires grâce aux voies de recours subrogatoires (ou actions sociales) et aux plaintes en nom collectif. Certaines autorités chargées de la réglementation ont institué des procédures de dépôt de plaintes et certaines prévoient même la possibilité de faciliter le dépôt de plaintes par la diffusion d'informations utiles et/ou par des concours financiers. Bien qu'elles servent un même but, à savoir l'amélioration de la crédibilité des marchés, le choix et le contenu final des diverses dispositions visant à protéger les actionnaires minoritaires sont obligatoirement fonction du cadre réglementaire global et du droit national.

H. Les marchés du contrôle des sociétés doivent pouvoir fonctionner de manière efficace et transparente.

1. **Il convient de définir clairement et de rendre publiques les règles et procédures relatives à l'acquisition sur les marchés financiers d'une participation de contrôle dans une société, ainsi qu'aux opérations à caractère exceptionnel comme les fusions et les cessions de fractions importantes des actifs d'une société, de sorte que les investisseurs aient connaissance de leurs droits et de leurs possibilités de recours. Les transactions doivent s'effectuer à des prix transparents et dans des conditions équitables qui protègent les droits de tous les actionnaires, en fonction de la catégorie à laquelle ils appartiennent.**
2. **Les dispositifs anti-OPA ne doivent pas servir à exonérer la direction et le conseil d'administration de leurs responsabilités.**

Dans certains pays, les sociétés adoptent des dispositifs anti-OPA. Cependant, les investisseurs et les autorités boursières ont exprimé la crainte qu'une généralisation des dispositifs anti-OPA n'entrave sérieusement le fonctionnement du marché pour le contrôle des sociétés. Dans certains cas, les mécanismes anti-OPA peuvent être simplement des dispositifs destinés à protéger l'équipe dirigeante ou le conseil d'administration du contrôle des actionnaires. Lors de l'utilisation de dispositifs anti-OPA ou du traitement de propositions de rachat, le conseil d'administration doit donner la priorité la plus absolue à ses obligations fiduciaires vis-à-vis des actionnaires et de la société. Certains pays prévoient des options de sortie pour les actionnaires dissidents dans les cas de restructurations majeures d'entreprises, notamment de fusions.

III. Investisseurs institutionnels, marchés boursiers et autres intermédiaires

Un régime de gouvernance d'entreprise doit instituer des incitations saines tout au long de la chaîne d'investissement et faire en sorte que le fonctionnement des marchés boursiers soit de nature à contribuer à la bonne gouvernance des entreprises.

Pour être efficace, le cadre juridique et réglementaire régissant la gouvernance d'entreprise doit impérativement être élaboré en tenant compte des réalités économiques caractérisant le contexte dans lequel il est destiné à être mis en application. Dans un grand nombre de pays, la gouvernance d'entreprise et l'actionnariat ne se caractérisent plus dans les faits par l'existence d'une relation directe et immédiate entre les résultats de la société et le revenu des détenteurs effectifs des participations. Dans la réalité, la chaîne d'investissement est souvent longue et complexe, et de nombreux intermédiaires viennent s'interposer entre le bénéficiaire effectif et la société. La présence d'intermédiaires agissant comme des décideurs indépendants influe sur la motivation et l'aptitude à prendre part à la gouvernance d'entreprise.

Le part des investissements sous forme de prises de participation détenues par des investisseurs institutionnels tels que des organismes de placement collectif, des fonds de pension, des compagnies d'assurance et des fonds de couverture s'est considérablement accru, et une bonne partie de leurs actifs sont gérés par des gestionnaires d'actifs spécialisés. La capacité des investisseurs institutionnels et des gestionnaires d'actifs de s'associer à la gouvernance d'une entreprise et leur intérêt à le faire est très variable. Pour certains, la participation à la gouvernance, notamment l'exercice des droits de vote, est une composante naturelle du modèle économique. D'autres, en revanchem proposent à leurs bénéficiaires et clients un modèle économique et une stratégie d'investissement qui ne prévoit pas ou ne légitime pas l'affectation de ressources à une participation active des actionnaires à la vie des sociétés. Si la participation des actionnaires est contraire au modèle économique et à la stratégie d'investissement de l'institution, imposer cette participation, par exemple l'exercice des droits de vote, par la contrainte risque de se révéler inefficace et d'aboutir à l'application mécanique des mêmes critères à toutes les situations.

Les *Principes* préconisent que les investisseurs institutionnels rendent publiques leurs politiques en matière de gouvernance d'entreprise. Voter aux assemblées générales des actionnaires n'est cependant, pour les actionnaires, qu'un moyen parmi d'autres de participer à la vie des sociétés. Les contacts et les échanges directs avec le conseil d'administration et la direction constituent d'autres formes de participation des actionnaires fréquemment utilisées. Ces dernières années, certains pays ont commencé à envisager d'adopter des codes (« codes de conduite ») sur la participation des actionnaires auxquels les investisseurs institutionnels sont invités à adhérer volontairement.

A. Les investisseurs institutionnels agissant à titre fiduciaire doivent rendre publique les politiques en matière de gouvernance d'entreprise et de vote qu'ils appliquent aux sociétés dans lesquelles ils investissent, y compris les procédures qu'ils ont mises en place pour statuer sur l'utilisation de leurs droits de vote.

L'efficacité et la crédibilité du cadre tout entier de la gouvernance d'entreprise et des mécanismes de surveillance dépendent dans une large mesure de la capacité et de la volonté des investisseurs institutionnels de faire un usage éclairé de leurs droits d'actionnaires et exercer effectivement leurs fonctions de détenteurs de capital dans les sociétés dans lesquelles ils investissent. Si ce principe n'implique pas que les investisseurs institutionnels ont obligation d'exercer leurs droits de vote, il invite à diffuser des informations concernant la manière dont ils assument leurs fonctions de détenteurs du capital en tenant dûment compte de son efficacité en termes de coûts. Pour les institutions agissant à titre fiduciaire comme les fonds de pension, les organismes de placement collectif, certaines activités des sociétés d'assurance et les gestionnaires d'actifs agissant pour leur compte, on peut considérer que le droit de vote fait partie intégrante de la valeur de l'investissement réalisé pour le compte des clients. Le fait de ne pas exercer les droits reconnus aux détenteurs du capital risque en effet d'aboutir à une perte pour l'investisseur qu'il convient donc d'informer de la stratégie qui va être suivie par les investisseurs institutionnels.

Dans certains pays, les exigences concernant la diffusion au marché d'informations sur les politiques de gouvernance d'entreprise sont très précises et comportent des obligations de formulation de stratégies explicites sur les circonstances dans lesquelles l'institution interviendra dans la conduite d'une société, la démarche qui sera suivie pour une telle intervention et la manière d'évaluer l'efficacité de cette stratégie. La communication des relevés de vote est considérée comme une règle de bonne pratique, en particulier lorsqu'une institution a une politique déclarée en matière de vote. Ces informations doivent être communiquées soit à leurs clients (auquel cas l'obligation s'applique uniquement aux informations relatives aux titres détenus par chaque client), soit, dans le cas de conseillers en placement s'adressant à des sociétés de placement immatriculées, directement au marché. Pour ce qui est de la participation des actionnaires aux assemblées, une démarche complémentaire consiste à instaurer un dialogue permanent avec les sociétés de placement. Il convient d'encourager un tel dialogue entre investisseurs institutionnels et sociétés même s'il appartient à la société de traiter l'ensemble des actionnaires sur un pied d'égalité et de ne pas divulguer aux investisseurs institutionnels une information qui ne serait pas au même moment communiquée au marché. Les autres informations supplémentaires fournies par une société consistent donc normalement à décrire les conditions d'ensemble sur les marchés sur lesquels l'entreprise exerce son activité et à commenter plus avant les données déjà communiquées au marché.

Lorsque des investisseurs institutionnels ont défini et rendu publique une politique de gouvernance d'entreprise, sa mise en œuvre effective suppose qu'ils prévoient également les ressources humaines et financières nécessaires pour ce faire de façon conforme aux attentes des bénéficiaires et des sociétés de placement. La nature et les conditions de l'application concrète d'une politique active de gouvernance d'entreprise par ces investisseurs institutionnels, notamment les effectifs affectés à cette mission, doivent être transparentes pour les bénéficiaires qui s'adressent à des investisseurs institutionnels menant des politiques actives en la matière.

B. Les droits de vote doivent être exercés par les dépositaires des titres ou les fondés de pouvoir conformément aux consignes des propriétaires effectifs des actions.

Les institutions qui détiennent en dépôt des titres en tant que fondés de pouvoir de leurs clients ne doivent pas être autorisés à exercer les droits de vote attachés à ces titres sauf s'ils ont reçu des consignes précises pour le faire. Dans certains pays, les conditions d'admission à la cote prévoient une longue liste de points sur lesquels les dépositaires de titres ne peuvent voter sans instructions, la possibilité leur étant laissée en revanche de voter sur d'autres points concernant les affaires courantes. La règle veut que les institutions dépositaires de titres communiquent en temps opportun aux actionnaires les informations relatives aux solutions qui s'offrent à eux pour exercer leurs droits de vote. Les actionnaires peuvent choisir de voter eux-mêmes ou de déléguer l'ensemble de leurs droits de vote aux dépositaires des titres. Ils peuvent tout aussi bien choisir d'être informés de l'ensemble des décisions qui vont être soumises au vote des actionnaires, et décider de voter sur certains points tout en déléguant au dépositaire leurs droits de vote pour d'autres points.

Les détenteurs de certificats de dépôt d'actions doivent se voir accorder les mêmes droits effectifs et les mêmes possibilités concrètes de prendre part à la gouvernance d'entreprise que ceux accordés aux détenteurs des actions correspondantes. Lorsque les détenteurs directs d'actions peuvent recourir à des procurations, le dépositaire, le service fiduciaire ou tout autre organisme équivalent doit donc pouvoir émettre en temps opportun des procurations à l'intention des détenteurs de certificats de dépôt d'actions. Ces derniers doivent pouvoir formuler des consignes de vote contraignantes au titre des actions que le dépositaire ou le service fiduciaire détient pour leur compte.

Il convient de noter que ce principe ne s'applique pas à l'exercice des droits de vote par les agents fiduciaires ou d'autres personnes agissant en vertu d'un mandat juridique particulier (par exemple, syndics de faillite et exécuteurs testamentaires).

C. Les investisseurs institutionnels agissant à titre fiduciaire doivent diffuser des informations sur la manière dont ils gèrent les conflits d'intérêts significatifs pouvant avoir une incidence sur l'exercice de leurs principaux droits en tant que détenteurs du capital des sociétés dans lesquelles ils investissent.

Les motifs incitant les détenteurs d'actions au bénéfice de tiers à exercer leurs droits de vote et à assumer leurs principales fonctions de détenteurs du capital sont parfois différents de ceux des détenteurs directs. Ces différences peuvent certes être parfois saines sur le plan commercial, mais elles peuvent aussi découler de conflits d'intérêts particulièrement aigus lorsque l'institution agissant à titre fiduciaire est en fait une filiale ou une émanation d'une autre institution financière, notamment d'un groupe financier intégré. Lorsque ces conflits résultent de relations commerciales significatives, par exemple dans le cadre d'un contrat de gestion des fonds d'une société de gestion de portefeuille, de tels conflits devraient être mis en évidence et rendus publics.

Parallèlement, les institutions doivent diffuser des informations relatives aux mesures qu'elles prennent pour minimiser les effets potentiellement négatifs de telles situations sur leur capacité d'exercer leurs principales fonctions de détenteurs de capital. Ces mesures peuvent consister à distinguer les primes au titre de la gestion de fonds de celles qui sont liées à l'acquisition de nouvelles affaires dans d'autres composantes de l'organisation. Les barèmes des frais de gestion pour les services de gestion d'actifs et autres services d'intermédiaires doivent être transparents.

D. Le régime de gouvernance d'entreprise doit permettre de veiller à ce que les chargés de procurations, analystes, courtiers, agences de notation et autres intervenants produisant des analyses ou dispensant des avis utiles aux décisions des investisseurs fassent état des conflits d'intérêts pouvant porter atteinte à l'intégrité de leurs analyses et de leurs avis et les minimisent.

La chaîne d'investissement reliant les détenteurs effectifs de participations aux sociétés fait intervenir non seulement de multiples détenteurs intermédiaires, mais aussi une large palette de professionnels dispensant des avis et fournissant des services à ces détenteurs intermédiaires. Les chargés de procurations qui prévoient dans leur modèle économique de vendre des recommandations à des investisseurs institutionnels sur la manière de voter et de vendre des services destinés à faciliter le vote sont en première ligne dans l'optique d'une participation directe à la gouvernance. Dans certains cas, les chargés de procurations vendent également à des sociétés des services de conseil en gouvernance. D'autres prestataires de services notent les sociétés en fonction de divers critères intéressant la gouvernance. Les analystes, courtiers et agences de notation, remplissent des fonctions similaires et se heurtent aux mêmes risques de conflits d'intérêts.

Considérant l'importance de ces divers services pour la gouvernance – et quelquefois l'influence de la gouvernance sur ces services –, le régime de gouvernance doit promouvoir l'intégrité des professions exercées notamment par les analystes, courtiers, agences de notation et chargés de procurations. Encadrés comme il se doit, ceux-ci peuvent jouer un rôle important dans la définition des pratiques en matière de gouvernance d'entreprise. Parallèlement, des conflits d'intérêts peuvent surgir et altérer leur jugement, notamment lorsque le prestataire de services qui dispense des conseils cherche également à fournir d'autres services à la société concernée ou lorsqu'il a un intérêt significatif direct dans la société ou dans des sociétés concurrentes. Un grand nombre de pays ont adopté des réglementations ou encouragé l'observation de codes d'autodiscipline pour atténuer ces conflits d'intérêts et autres risques pour l'intégrité, et ont déployé des dispositifs de surveillance privés et/ou publics.

Les prestataires de services de conseil en matière de procuration doivent, le cas échéant en fonction du contexte, communiquer publiquement et/ou à leurs clients [at au public] les informations utiles à ces derniers sur les procédures et la méthodologie qui sous-tendent leurs recommandations, ainsi que sur les critères régissant leurs politiques de vote.

E. Les opérations d'initiés et les manipulations de marché doivent être interdites et les règles applicables en la matière doivent être renforcées.

Comme les opérations d'initiés impliquent une manipulation des marchés financiers, elles sont interdites par la réglementation des valeurs mobilières, le droit des sociétés et/ou le droit pénal dans la plupart des pays. Ces pratiques peuvent être considérées comme un manquement aux bonnes pratiques de gouvernance d'entreprise étant donné qu'elles contreviennent au principe du traitement équitable des actionnaires. Cependant, l'efficacité d'une telle interdiction dépend de la vigueur des mesures prises pour la faire respecter.

F. **Pour les sociétés cotées dans un pays autre que celui où elles ont été constituées, la législation et la réglementation applicables dans le domaine de la gouvernance d'entreprise doivent être clairement définies. Dans le cas de cotations croisées, les critères et la procédure de reconnaissance des critères d'admission à la cote appliqués pour la cotation primaire doivent être transparents et étayés**.

Il est de plus en plus courant que des sociétés soient cotées ou que leurs titres soient négociés sur des plateformes situées dans un autre pays que celui où elles ont été constituées. Cette situation peut être source d'incertitude pour les investisseurs quant aux règles et réglementations applicables à ces sociétés au regard de la gouvernance d'entreprise, incertitude pouvant porter sur tous les aspects de la gouvernance, depuis le déroulement et le lieu de l'assemblée générale annuelle des actionnaires jusqu'aux droits des actionnaires minoritaires. La société doit donc clairement indiquer les règles qui lui sont applicables. Lorsque des dispositions essentielles intéressant la gouvernance sont celles en vigueur dans un autre pays que celui où les titres d'une société s'échangent, les principales différences doivent être mentionnées.

La multiplication des cotations secondaires de sociétés déjà cotées sur un autre marché est également une conséquence importante de l'internationalisation et de l'intégration accrues des marchés boursiers que désigne l'expression « cotation croisée ». Les sociétés faisant l'objet de cotations croisées sont souvent soumises à la réglementation en vigueur dans le pays dans lequel elles ont obtenu leur cotation primaire et relèvent de la compétence des autorités de ce pays. Dans le cas d'une cotation secondaire, des exceptions aux règles locales d'admission à la cote sont généralement accordées en reconnaissance des critères d'admission à la cote et des réglementations en matière de gouvernance d'entreprise appliqués sur le marché sur lequel la société a obtenu sa cotation primaire. Les marchés boursiers doivent clairement indiquer les règles et procédures applicables aux sociétés faisant l'objet de cotations croisées ainsi que les exceptions aux règles locales de gouvernance d'entreprise qui leur sont accordées en conséquence.

G. **Les marchés boursiers doivent assurer une découverte juste et efficace des prix afin de contribuer à promouvoir l'efficacité de la gouvernance d'entreprise**.

Pour que la gouvernance d'entreprise soit efficace, les actionnaires doivent être en mesure de suivre et d'évaluer leurs placements dans le capital de sociétés en mettant en regard les informations liées au marché et celles des sociétés sur leurs propres perspectives et résultats. Lorsqu'ils estiment qu'ils y ont avantage, les actionnaires peuvent soit utiliser leurs voix pour influer sur le comportement des entreprises, soit céder leurs actions (ou en acquérir d'autres), soit réévaluer les actions détenues dans leur portefeuille. L'accès aux informations du marché et la qualité de ces informations, notamment une découverte juste et efficace des prix concernant leurs placements, sont donc des facteurs importants pour permettre aux actionnaires d'exercer leurs droits.

IV. Rôle des différentes parties prenantes dans la gouvernance d'entreprise

Un régime de gouvernance d'entreprise doit reconnaître les droits des différentes parties prenantes à la vie d'une société tels qu'ils sont définis par le droit en vigueur ou par des accords mutuels, et encourager une coopération active entre les sociétés et les différentes parties prenantes pour créer de la richesse et des emplois et assurer la pérennité des entreprises financièrement saines.

Un aspect majeur de la gouvernance d'entreprise concerne l'apport de capitaux extérieurs aux entreprises tant sous la forme de capitaux propres que de capitaux d'emprunt. La gouvernance d'entreprise a également trait à la recherche de moyens d'encourager les différentes parties prenantes à réaliser des investissements économiquement optimaux dans le capital humain et matériel propres à l'entreprise. La compétitivité d'une entreprise, et en définitive les bons résultats qu'elle obtient, sont le fruit d'un travail d'équipe intégrant les contributions de tout un éventail de personnes qui apportent des ressources à l'entreprise parmi lesquels les investisseurs, les salariés, les créanciers, les clients et les fournisseurs, ainsi que d'autres parties prenantes. Les sociétés devraient admettre que les contributions des différentes parties prenantes représentent une ressource précieuse pour bâtir des entreprises compétitives et rentables. Il est donc dans l'intérêt à long terme des entreprises de favoriser une coopération créatrice de richesse entre les différentes parties prenantes. Le régime de gouvernance d'entreprise doit reconnaître les intérêts des parties prenantes et leur contribution à la réussite à long terme de l'entreprise.

A. Les droits des différentes parties prenantes, qui sont établis par le droit ou par des accords mutuels, doivent être respectés.

Les droits des parties prenantes sont souvent définis par le droit (notamment le droit du travail, le droit des sociétés, le droit commercial, le droit de l'environnement et le droit des faillites) ou par des relations contractuelles que les sociétés doivent impérativement respecter. Néanmoins, même dans les domaines où les intérêts des parties prenantes n'ont pas été inscrits dans la loi, de nombreuses entreprises souscrivent des engagements supplémentaires vis-à-vis des parties prenantes, et le souci de la réputation de l'entreprise et de sa performance impliquent souvent la reconnaissance d'intérêts plus larges. Dans le cas d'entreprises multinationales, ceci peut être fait, dans certains pays, grâce à l'utilisation par les entreprises des *Principes directeurs de l'OCDE à l'intention des entreprises multinationales* aux fins d'engager des procédures de diligence raisonnable portant sur l'impact de ces engagements.

B. Lorsque les intérêts des parties prenantes sont protégés par la loi, lesdites parties prenantes doivent pouvoir obtenir la réparation effective de toute violation de leurs droits.

Le cadre et les procédures juridiques doivent être transparentes et ne pas compromettre la possibilité pour les parties prenantes de communiquer et d'obtenir réparation en cas de violation de leurs droits.

C. Il convient de permettre le développement des mécanismes de participation des salariés.

Le degré de participation des salariés à la gouvernance de l'entreprise dépend des lois et pratiques nationales et peut également varier d'une entreprise à l'autre. Dans le contexte de la gouvernance d'entreprise, les mécanismes de participation des salariés peuvent bénéficier aux sociétés directement, mais aussi indirectement, du simple fait que les salariés sont prêts à investir dans l'acquisition de compétences spécifiques à l'entreprise. On peut citer, entre autres exemples de mécanismes de participation des salariés : la représentation des salariés au conseil d'administration et des dispositifs de gouvernance tels que les comités d'entreprise, permettant de prendre en considération le point de vue des salariés pour certaines décisions importantes. Des conventions internationales et des normes nationales affirment également les droits des salariés à être informés et consultés et à prendre part à des négociations. En ce qui concerne les mécanismes visant à améliorer les performances, il existe dans de nombreux pays des plans d'actionnariat des salariés et autres mécanismes de partage des bénéfices. Les mécanismes de participation des salariés peuvent également motiver ces derniers à investir dans des compétences spécifiques à l'entreprise. Les engagements en matière de retraite sont également souvent l'un des aspects de la relation entre l'entreprise et ses salariés actuels et anciens. Lorsque ces engagements donnent lieu à la création d'un fonds indépendant, ses agents fiduciaires doivent être indépendants vis-à-vis de la direction de la société et gérer le fonds dans l'intérêt de l'ensemble des bénéficiaires.

D. Lorsque les parties prenantes interviennent dans la gouvernance d'entreprise, elles doivent avoir accès en temps opportun et de façon régulière à des informations pertinentes, suffisantes et fiables.

Lorsque le droit et la mise en pratique des régimes de gouvernance d'entreprise offrent des possibilités de participation des parties prenantes à la vie de l'entreprise, il importe que lesdites parties aient accès aux informations nécessaires à l'exercice de leurs responsabilités.

E. Les parties prenantes, y compris les salariés au niveau individuel et les organes qui les représentent, doivent pouvoir faire état librement auprès du conseil d'administration et des autorités compétentes de leurs inquiétudes concernant d'éventuelles pratiques illicites ou contraires à l'éthique, et une telle intervention ne doit pas compromettre l'exercice de leurs droits.

Les pratiques illicites et contraires à l'éthique auxquelles se livrent les cadres d'une société risquent non seulement d'aboutir à des violations des droits des parties prenantes, mais aussi d'être préjudiciables à la société et à ses actionnaires en portant atteinte à la réputation de l'entreprise et en accroissant les risques de voir sa responsabilité financière engagée. Il est donc dans l'intérêt de l'entreprise et des actionnaires de définir des procédures et des mesures de protection pour les plaintes que peuvent déposer des salariés, qu'ils le fassent eux-mêmes ou par l'intermédiaire des organes qui les représentent, ou d'autres témoins d'actions illicites ou contraires à l'éthique. Le conseil d'administration doit être encouragé par la loi et/ou par des principes en vigueur à protéger ces personnes et les organes qui les représentent, et à leur permettre de s'adresser directement et à titre confidentiel à un administrateur indépendant, souvent membre d'un comité d'audit ou d'un comité d'éthique. Certaines entreprises se sont dotées d'un médiateur chargé de traiter ces plaintes. Plusieurs autorités chargées de la réglementation ont également ouvert des lignes téléphoniques et ont prévu des outils électroniques permettant de recevoir de manière confidentielle les accusations de cette nature. Si dans certains pays, les organes représentatifs des salariés se chargent de relayer leurs inquiétudes auprès de la société, les salariés ne doivent pas être empêchés d'agir à titre individuel, ni être moins protégés lorsqu'ils agissent seuls. En l'absence de mesures correctrices prises en temps voulu ou face à un risque réel de réaction négative, en termes d'emploi, à une plainte pour infraction à la loi, les salariés sont encouragés à déposer leur plainte dûment motivée auprès des autorités compétentes. Un grand nombre de pays prévoient aussi la possibilité de porter devant un Point de contact national des affaires de violation des *Principes directeurs de l'OCDE à l'intention des entreprises multinationales*. La société doit s'abstenir de toute mesure discriminatoire ou disciplinaire à l'encontre d'un salarié ou d'un organe ayant déposé une telle plainte.

F. Le régime de gouvernance d'entreprise doit être complété par un dispositif efficace et efficient en matière de faillite et par la mise en œuvre effective des droits des créanciers.

Les créanciers sont une partie prenante essentielle et les modalités, le montant et la nature des prêts consentis aux entreprises dépendent pour une large part des droits dont peuvent se prévaloir les créanciers, ainsi que de leur caractère exécutoire. Les entreprises ayant de bons antécédents en matière de gouvernance d'entreprise sont en effet souvent en mesure d'emprunter des sommes plus élevées à des conditions plus favorables que celles dont les antécédents en la matière sont médiocres ou qui opèrent sur des marchés moins transparents. Les régimes régissant les faillites d'entreprises sont très différents selon les pays. Dans certains pays, lorsqu'une entreprise est au bord de la faillite, la réglementation fait obligation aux administrateurs d'agir dans l'intérêt des créanciers qui peuvent ainsi être amené à jouer un rôle de premier plan dans la gouvernance. D'autres pays ont mis en place des mécanismes destinés à encourager le débiteur à divulguer en temps utile les informations relatives aux difficultés de l'entreprise de façon à ce qu'une solution consensuelle satisfaisant le débiteur et ses créanciers puisse être trouvée.

En outre, les créanciers n'ont pas tous les mêmes droits, selon qu'ils sont détenteurs d'obligations garanties ou créanciers ordinaires. Les procédures de faillite imposent généralement des mécanismes efficaces pour concilier les intérêts des différentes catégories de créanciers. Dans un grand nombre de pays, les dispositions en vigueur reconnaissent des droits spéciaux, notamment dans le cadre du financement du « débiteur exploitant » qui incite les bailleurs de fonds à apporter de l'argent frais à l'entreprise en faillite tout en assurant leur protection.

V. Transparence et diffusion de l'information

Un régime de gouvernance d'entreprise doit garantir la diffusion en temps opportun d'informations exactes sur tous les sujets significatifs concernant l'entreprise, notamment la situation financière, les résultats, l'actionnariat et la gouvernance de cette entreprise.

Dans la plupart des pays, un grand nombre d'informations, dont la diffusion est obligatoire ou non, sur les entreprises faisant publiquement appel à l'épargne et sur les grandes entreprises non cotées sont recueillies pour être ensuite diffusées auprès d'un large éventail d'utilisateurs. L'obligation de rendre publiques certaines informations s'applique en règle générale avec une périodicité au moins annuelle, même si certains pays imposant une périodicité semestrielle ou trimestrielle, voire l'obligation de communiquer plus fréquemment encore des informations, par exemple lorsque certains événements significatifs affectent l'entreprise. Il arrive souvent que les entreprises rendent publiques de leur propre initiative, et pour répondre à une demande du marché, des informations non soumises aux obligations de diffusion en vigueur.

Les *Principes* préconisent la diffusion en temps opportun d'informations sur toutes les évolutions significatives survenant entre les rapports établis à intervalles réguliers. Ils préconisent en outre la communication simultanée de ces informations significatives ou obligatoires à l'ensemble des actionnaires afin de leur garantir un traitement équitable. Dans le cadre des relations étroites qu'elles entretiennent avec les investisseurs et les participants au marché, les sociétés doivent impérativement veiller à ne pas enfreindre ce principe fondamental de l'équité de traitement.

Les obligations en matière de diffusion d'informations ne sont pas censées imposer aux entreprises une charge excessive en termes de coûts ou de lourdeurs administratives. On n'attend pas non plus des entreprises qu'elles rendent publiques des informations pouvant compromettre leur situation concurrentielle, à moins que ces informations ne soient indispensables pour éclairer pleinement les investisseurs et éviter de les induire en erreur. Pour déterminer le minimum d'informations devant être rendues publiques, beaucoup de pays se réfèrent à la notion d'information significative. Les informations significatives sont des informations qui, si elles ne sont pas communiquées ou si elles sont erronées, peuvent altérer les décisions économiques prises par ceux qui les utilisent. Elles peuvent également être définies comme des informations qu'un investisseur raisonnable considérerait comme importantes pour prendre une décision en matière d'investissement ou de vote.

Un régime rigoureux de diffusion de l'information, favorisant une véritable transparence, est l'une des pierres angulaires de la surveillance des sociétés par des mécanismes du marché et elle conditionne la capacité des actionnaires à exercer en connaissance de cause leurs droits. L'expérience prouve que la diffusion de l'information peut également être un instrument puissant permettant d'influer sur le comportement des sociétés et de protéger les investisseurs. Un régime rigoureux de diffusion de l'information peut aider à attirer les capitaux et à entretenir la confiance sur les marchés financiers. A *contrario*, un manque de rigueur dans ce domaine et le recours à des pratiques peu transparentes risquent de favoriser les comportements contraires à l'éthique et de porter atteinte à l'intégrité des marchés au plus grand préjudice non seulement de la société et de ses actionnaires, mais aussi de l'économie toute entière. Les actionnaires et les investisseurs potentiels ont besoin d'avoir accès à des informations périodiques, fiables, comparables et suffisamment détaillées pour pouvoir apprécier la gestion menée par la direction et prendre des décisions éclairées sur l'évaluation et la détention d'actions, ainsi que l'exercice des droits de vote correspondants. Une information parcellaire ou obscure peut compromettre le bon fonctionnement des marchés, renchérir le coût du capital et aboutir à une mauvaise affectation des ressources.

La diffusion de l'information peut en outre aider le grand public à mieux comprendre la structure et les activités des entreprises, leur stratégie et leurs résultats en ce qui concerne les normes environnementales et éthiques, ainsi que les relations qu'elles entretiennent avec la collectivité dans laquelle elles opèrent. Les *Principes directeurs à l'intention des entreprises multinationales* de l'OCDE peuvent, dans un grand nombre de pays, avoir leur pertinence pour les entreprises multinationales.

A. La diffusion de ces informations doit porter, de façon non exclusive, sur :

1. Le résultat financier et le résultat d'exploitation de l'entreprise.

Les états financiers certifiés faisant apparaître le résultat financier et la situation financière de l'entreprise (comprenant généralement le bilan, le compte de résultat, le tableau de financement, et l'annexe aux états financiers) constituent la source d'information sur les entreprises la plus largement utilisée. Ils permettent une surveillance convenable de la situation de l'entreprise et aident également à évaluer les titres. Le rapport de gestion et l'analyse des activités sont normalement intégrés au rapport annuel. Le rapport de gestion est d'autant plus utile qu'on le rapproche des états financiers qu'il accompagne. Les investisseurs sont particulièrement demandeurs d'informations pouvant apporter un éclairage sur les performances futures de l'entreprise.

On a tout lieu de penser en effet que les dysfonctionnements de la gouvernance d'entreprise peuvent souvent être liés à l'absence de présentation d'une « vue complète » de la situation, en particulier lorsque les postes hors bilan recouvrent des garanties ou des engagements similaires entre sociétés apparentées. Il est donc important que des informations sur les transactions concernant un groupe dans son ensemble soient diffusées selon des modalités conformes à des normes internationales de grande qualité et qu'elles contiennent des données relatives aux éléments de dettes futures non encore comptabilisées, aux opérations hors bilan et aux entités ad hoc non consolidées.

2. Les objectifs de l'entreprise et les informations non financières.

En dehors de leurs objectifs commerciaux, les entreprises sont encouragées à faire connaître leurs stratégies et leurs résultats dans des domaines tels que l'éthique commerciale, l'environnement et, lorsqu'ils sont significatifs pour l'entreprise, les enjeux sociaux, les droits de l'homme, de même que vis-à-vis d'autres objectifs des pouvoirs publics. Ces informations peuvent avoir leur importance pour certains investisseurs et d'autres utilisateurs en leur permettant de mieux appréhender les relations entre l'entreprise et la collectivité dans laquelle elle opère, ainsi que les mesures prises par les entreprises pour atteindre leurs objectifs.

Dans de nombreux pays, la diffusion de ces informations n'est exigée que des grandes sociétés, généralement dans le cadre de leurs rapports d'activité, ou bien ce sont les sociétés elles-mêmes qui décident volontairement de diffuser des informations non financières. Peut notamment être exigé la divulgation d'informations relatives aux dons à visées politiques, en particulier lorsque les informations ne sont pas aisément accessibles par d'autres canaux.

Certains pays exigent des grandes sociétés la publication d'autres informations, par exemple la communication des montants du chiffre d'affaires net ou des versements effectués au profit du Trésor, répartis par catégories d'activité et par pays (déclaration pays par pays).

3. Les principales participations au capital, notamment celles détenues par des bénéficiaires effectifs, et les droits de vote.

L'un des droits élémentaires des actionnaires est celui d'être informé sur la structure de l'actionnariat de l'entreprise et sur leurs droits par rapport à ceux d'autres détenteurs de participations au capital. Ce droit à l'information doit aussi s'appliquer à la structure d'un groupe d'entreprises et aux relations entre les sociétés appartenant au groupe. Il doit faire la transparence sur les objectifs, la nature et la structure du groupe. La diffusion des données relatives à l'actionnariat doit être exigée dès lors que certains seuils de participation sont franchis. Ce type d'information comporte parfois des données relatives aux principaux actionnaires et aux autres actionnaires qui, directement ou indirectement, influencent ou peuvent être en mesure d'influencer de manière significative, contrôlent ou peuvent être en mesure de contrôler l'entreprise, notamment via des droits de vote spéciaux, des pactes d'actionnaires, la détention de blocs d'actions importants ou assurant le contrôle, des participations croisées importantes et des garanties réciproques. La publication des participations détenues par les administrateurs, y compris par ceux qui n'exercent pas de fonction de direction, relève également d'une bonne pratique.

C'est en particulier pour mieux faire respecter les textes en vigueur et repérer les sources potentielles de conflit d'intérêts, les transactions avec des parties liées et les opérations d'initiés que les informations à jour relatives aux détenteurs directs du capital doivent être complétées par des informations relatives aux propriétaires effectifs. Dans les situations où des parts importantes du capital sont détenues par des structures ou dispositifs intermédiaires, les informations sur les propriétaires effectifs doivent donc pouvoir être obtenues au moins par les organismes chargés de faire appliquer les textes en vigueur et/ou dans le cadre de procédures judiciaires. Par ailleurs, le projet de l'OCDE intitulé « *Options pour obtenir des informations sur la propriété effective et le contrôle* » et les Lignes directrices sur la transparence et le bénéficiaire effectif du Groupe d'action financière peuvent avoir leur utilité à cet égard.

4. La rémunération des administrateurs et des principaux dirigeants.

Les informations sur la rémunération des administrateurs et des principaux dirigeants intéressent également les actionnaires. Le lien entre les rémunérations et les résultats à long terme de la société présentent un intérêt particulier. On attend généralement des sociétés qu'elles rendent publiques les informations sur la rémunération des administrateurs et des principaux dirigeants afin que les investisseurs puissent évaluer les coûts et les avantages des grilles de rémunération ainsi que la contribution des systèmes d'incitation, notamment des plans d'options d'achat d'actions, aux résultats de la société. La diffusion d'informations individualisées (notamment sur les dispositions en matière de dénonciation de contrat et de départ en retraite) est de plus en plus couramment considérée comme une bonne pratique et elle est devenue obligatoire dans de nombreux pays. Certains pays exigent alors la divulgation de la rémunération d'un certain nombre de dirigeants parmi les mieux payés tandis que d'autres n'imposent cette obligation que pour les dirigeants occupant des postes déterminés.

5. Les informations relatives aux administrateurs portant notamment sur leurs qualifications, le processus de sélection, leur appartenance au conseil d'administration d'autres sociétés et le fait qu'ils soient considérés comme indépendants par le conseil d'administration.

Les investisseurs ont besoin d'informations sur les différents administrateurs et principaux dirigeants pour pouvoir apprécier leur expérience et leurs qualifications et évaluer le risque que des conflits d'intérêt puissent altérer leur jugement. S'agissant des administrateurs, ces informations doivent porter sur leurs qualifications, leur participation au capital de la société, leur appartenance au conseil d'administration d'autres sociétés, ou les postes de direction qu'ils occupent dans d'autres sociétés, et sur le fait qu'ils soient considérés comme indépendants par la société. Il est important de faire état de l'appartenance des administrateurs au conseil d'administration d'autres sociétés non seulement parce que c'est une indication sur l'expérience de chaque administrateur et sur les contraintes qui pèsent sur lui en termes de disponibilité, mais aussi parce qu'elle peut révéler des conflits d'intérêts éventuels et donner la mesure des imbrications entre conseils d'administration.

Des principes en vigueur au niveau national, voire dans certains cas des lois, précisent les obligations spécifiques aux administrateurs qui peuvent être considérés comme indépendants, et prévoient qu'une proportion notable, voire dans certains cas une majorité, des membres du conseil d'administration doivent être indépendants. Il incombe au conseil d'administration de fixer les critères en vertu desquels un administrateur peut être considéré comme indépendant. C'est ensuite aux actionnaires, et en dernier ressort au marché, qu'il revient de décider si ces critères sont légitimes. Les sociétés devaient communiquer des informations sur le processus de sélection des administrateurs, et en particulier indiquer si ce processus a été ouvert à une large palette de candidats. Ces informations doivent être communiquées préalablement à toute décision de l'assemblée générale des actionnaires ou au gré des changements significatifs de la situation.

6. Les transactions effectuées avec des parties liées.

Pour que l'on soit assuré que la société est gérée en tenant dûment compte des intérêts de l'ensemble des actionnaires, il est indispensable que celle-ci communique au marché toutes les informations relatives à toutes les transactions significatives effectuées avec des parties liées ainsi que les conditions dans lesquelles chaque transaction a été effectuée. Dans un grand nombre de pays, il s'agit déjà d'une obligation légale. Lorsqu'un pays ne définit pas de seuils pour apprécier le caractère significatif des transactions, les sociétés doivent être tenues de rendre publics également la politique/les critères appliqués pour apprécier le caractère significatif des transactions effectuées avec des parties liées. La notion de partie liée doit au moins englober les entités contrôlées ou contrôlées conjointement par la société, les actionnaires significatifs, y compris les membres de leurs familles ainsi que les principaux cadres de direction. Si la définition de la notion de partie liée énoncée dans les normes internationalement acceptées constitue une référence utile, le régime de gouvernance d'entreprise doit permettre de veiller à ce que l'ensemble des parties liées soient convenablement identifiées et que, dans les cas où certaines parties liées ont des intérêts spécifiques dans ces transactions, les transactions significatives effectuées avec des filiales consolidées soient également rendues publiques.

Les transactions auxquelles participent, directement ou indirectement, les principaux actionnaires (ou leur proche famille, leurs relations, etc.) sont par nature potentiellement les plus délicates. Dans certains pays, les actionnaires détenant une participation supérieure seulement à 5 % du capital sont tenus de faire état des transactions qu'ils réalisent avec la société. Les obligations de diffusion d'informations portent notamment sur la nature de la relation en cas de contrôle, ainsi que la nature et le montant des transactions effectuées avec des parties liées, agrégées de manière appropriée. Compte tenu de l'opacité intrinsèque de nombreuses transactions, il peut être utile d'obliger le bénéficiaire de la transaction à fournir les informations correspondantes au conseil d'administration qui doit lui-même les retransmettre au marché. Pour autant, cela n'exonère pas l'entreprise de l'obligation d'exercer sa propre surveillance, ce qui constitue l'une des missions importantes du conseil d'administration.

Pour que les informations diffusées soient plus éclairantes, certains pays établissent des distinctions entre les transactions effectuées avec des parties liées en fonction de leur caractère plus ou moins significatif et des conditions y afférentes. La divulgation continue des informations relatives aux transactions significatives est obligatoire, à l'exception possible des transactions récurrentes réalisées aux « conditions du marché » qui peuvent n'être divulguées que dans des rapports périodiques. Pour qu'ils soient efficaces, les seuils permettant d'apprécier le caractère significatif des transactions devront parfois être principalement fondés sur des critères quantitatifs, mais il ne doit pas être permis de fractionner une transaction effectuée avec une même partie liée pour éviter d'avoir à la divulguer.

7. Les facteurs de risque prévisibles.

Les utilisateurs d'informations financières et les intervenants sur le marché ont besoin d'informations sur les facteurs de risque significatifs et raisonnablement prévisibles, à savoir : les risques spécifiques à une branche d'activité ou aux zones géographiques dans lesquelles opère l'entreprise, la dépendance de l'entreprise vis-à-vis des matières premières, les risques encourus sur les marchés de capitaux, notamment les risques de taux ou de change, les risques liés aux instruments dérivés et aux opérations hors bilan, les risques liés à la conduite des entreprises, et enfin les risques liés à l'environnement.

Les *Principes* envisagent la diffusion d'informations suffisantes et complètes pour que les investisseurs soient pleinement informés des risques significatifs et prévisibles auxquels l'entreprise est exposée. La diffusion d'informations relatives aux risques est d'autant plus efficace qu'elle est adaptée à la société et au secteur d'activité concerné. La diffusion d'informations sur les dispositifs de surveillance et de gestion des risques passe de plus en plus couramment pour une bonne pratique.

8. Les questions intéressant les salariés et les autres parties prenantes.

Les sociétés sont encouragées à communiquer des informations sur les principales questions intéressant les salariés et les autres parties prenantes qui pourraient altérer sensiblement leurs résultats, ou avoir des effets significatifs sur leurs résultats et, dans certains pays, elles sont même tenues de le faire. Ces informations peuvent porter sur les relations entre la direction et les salariés, notamment sur les rémunérations, le champ couvert par les négociations collectives et les mécanismes de représentation des salariés, ainsi que sur les relations avec d'autres parties prenantes, comme les créanciers, les fournisseurs et les collectivités locales.

Certains pays exigent la diffusion d'informations détaillées sur les ressources humaines. La politique des ressources humaines d'une entreprise, notamment les programmes de valorisation des ressources humaines et de formation, les taux de rétention des salariés et les plans d'actionnariat des salariés, peut apporter des informations importantes au marché quant aux atouts concurrentiels de l'entreprise.

9. Les structures et politiques de gouvernance de l'entreprise, et notamment sur le contenu de tout code ou de toute stratégie de gouvernance d'entreprise rédigée par la société et sur le processus permettant de mettre en œuvre ce code ou cette stratégie.

Les entreprises doivent rendre publiques les pratiques de gouvernance d'entreprise qu'elles ont adoptées et ces informations doivent figurer obligatoirement dans leur information financière régulière. Les sociétés doivent mettre en œuvre les principes de gouvernance d'entreprise définis, ou approuvés, par l'autorité de marché ou l'autorité chargée de la réglementation, et ont obligation de rendre compte de la manière dont elles les appliquent selon le principe « respecter les textes ou se justifier » ou selon des règles similaires. La diffusion d'informations sur les structures et politiques de gouvernance d'entreprise, notamment, dans le cas de holdings financiers « purs », sur celles des filiales d'importance significative, est un élément important pour permettre d'évaluer la gouvernance d'entreprise d'une société donnée, et elle doit porter sur la répartition des compétences entre les actionnaires, la direction et les administrateurs. Les sociétés doivent clairement définir les missions et les responsabilités respectives du Directeur général et/ou du Président et, lorsqu'une seule et même personne cumule les deux fonctions, expliquer la logique de cette organisation. La bonne pratique veut également que soient rendus publics les statuts, le règlement intérieur du conseil d'administration et, le cas échéant, la structure et le règlement des comités.

Pour des raisons de transparence, les procédures régissant les assemblées d'actionnaires doivent garantir un décompte et un enregistrement en bonne et due forme des votes ainsi que la proclamation rapide des résultats.

B. Il convient d'établir et de diffuser ces informations conformément à des normes de grande qualité reconnues au niveau international, en matière de comptabilité et d'information financière et non financière.

L'application de normes de grande qualité en matière de comptabilité et d'information est censée améliorer sensiblement la capacité des investisseurs à suivre les activités d'une entreprise dans la mesure où elle accroît la pertinence, la fiabilité et la comparabilité, des données communiquées et où elle permet de disposer de renseignements plus précis sur les résultats de l'entreprise. La plupart des pays imposent l'observation des normes reconnues au niveau international en matière d'information financière, qui peuvent améliorer la transparence et la comparabilité d'un pays à l'autre des états financiers et des autres informations financières diffusées. Ces normes doivent être élaborées dans le cadre de processus ouverts, indépendants et publics associant le secteur privé, ainsi que d'autres parties intéressées, telles que des organisations professionnelles et des experts indépendants. On peut réussir à imposer des normes de grande qualité sur le plan national en les rendant compatibles avec l'une des normes comptables reconnues au niveau international. Dans nombre de pays, les sociétés cotées sont tenues de se conformer à ces normes.

C. Une vérification des comptes doit être conduite chaque année, conformément à des normes de qualité en la matière, par un auditeur indépendant, compétent et qualifié, chargé de donner au conseil d'administration et aux actionnaires un avis externe et objectif certifiant que les états financiers rendent compte fidèlement de tous les aspects importants de la situation financière et des résultats de la société.

Outre la certification que les états financiers rendent compte fidèlement de la situation financière de l'entreprise, le rapport d'audit doit en outre comporter un avis sur la manière dont les états financiers ont été établis et présentés. Ceci qui doit contribuer à améliorer les conditions d'exercice des contrôles à l'intérieur de la société. Dans certains pays, les auditeurs externes sont également tenus de rendre compte sur la gouvernance de la société.

Les critères de l'indépendance des auditeurs et de leur responsabilité vis-à-vis des actionnaires doivent être respectés. La désignation d'un organisme de réglementation de la vérification des comptes indépendant de la profession, conformément aux Principes fondamentaux de l'International Forum of Independent Audit Regulators (IFIAR), est un facteur important d'amélioration de la qualité de la révision des comptes.

La bonne pratique veut que les auditeurs externes soient recommandés par un comité d'audit du conseil d'administration ou un organe équivalent et nommés soit par ce comité/organe, soit directement par les actionnaires. De plus, les « *Principles of Auditor Independence and the Role of Corporate Governance in Auditor's Independence* » de l'OICV précisent que « les normes d'indépendance des auditeurs doivent définir un corps de principes, conforté par un ensemble d'interdictions, de restrictions, d'autres mesures ou procédures ainsi que d'obligations de publicité, qui traite à tout le moins des menaces suivantes pesant sur cette indépendance : l'intérêt personnel, l'autocontrôle, la défense d'une cause particulière, les liens de familiarité et l'intimidation » .

Le comité d'audit ou un organe équivalent doit assurer la supervision des opérations de contrôle interne ainsi que de l'ensemble des relations avec les auditeurs externes, y compris en examinant la nature des services autres que la vérification des comptes que l'auditeur fournit à la société. La prestation par les auditeurs externes de services autres que la vérification des comptes peut notablement compromettre leur indépendance, et parfois les conduire à vérifier leurs propres travaux. Pour combattre les tentations qui peuvent alors se faire jour, la divulgation des honoraires versés aux auditeurs externes en contrepartie de prestations autres que la vérification des comptes, y compris du rapport entre les honoraires versés respectivement au titre de services de révision comptable et de services autres, doit être exigée. À titre d'exemple de dispositions destinées à promouvoir l'indépendance des auditeurs, on retiendra l'interdiction absolue faite à un auditeur d'effectuer pour un client dont il certifie les comptes des prestations autres que la vérification de ses comptes, ou à tout le moins l'application de restrictions strictes portant sur la nature desdites prestations, la rotation obligatoire des auditeurs (que ce soit des associés d'un cabinet d'audit ou parfois des cabinets d'audit eux-mêmes), le fait que les auditeurs aient un contrat à durée déterminée, les vérifications conjointes, l'interdiction temporaire d'employer un ancien auditeur pour la société dont il a vérifié les comptes et l'interdiction faite aux auditeurs ou à leurs proches d'avoir des intérêts financiers ou un rôle dirigeant dans les sociétés dont ils certifient les comptes. D'autres pays adoptent une démarche réglementaire plus directe en limitant le pourcentage des revenus qu'un auditeur peut recevoir d'un client donné au titre de services autres que la certification de ses comptes ou le pourcentage du revenu total d'un auditeur provenant d'un même client.

Dans certains pays, l'urgente nécessité de garantir la compétence des auditeurs est devenue un véritable problème. L'adoption d'une procédure d'inscription sur un registre professionnel, dans le cadre de laquelle les candidats doivent apporter la preuve qu'ils ont les qualifications requises, est considérée comme une bonne pratique. Ce système doit toutefois être complété par une formation permanente et un suivi du parcours professionnel pour s'assurer que les auditeurs possèdent un niveau de compétence professionnelle satisfaisant et font suffisamment preuve d'esprit critique.

D. Les auditeurs externes sont responsables vis-à-vis des actionnaires et ont l'obligation vis-à-vis de la société de mener à bien la révision des comptes avec toute la diligence que l'on est en droit d'attendre de professionnels.

La pratique consistant à choisir des auditeurs externes recommandés par un comité d'audit ou un organe équivalent du conseil d'administration et à imposer que les auditeurs externes soient nommés par ce comité/organe, ou directement par l'assemblée générale des actionnaires peut être considérée comme une bonne pratique dans la mesure où elle confirme sans ambiguïté que l'auditeur externe doit rendre compte aux actionnaires. Cela met en outre en relief le devoir de diligence professionnelle de l'auditeur envers la société plutôt que vis-à-vis d'un individu ou d'une catégorie de dirigeants de l'entreprise auxquels il peut avoir à faire dans le cadre de sa mission.

E. Les modes de diffusion retenus doivent permettre aux utilisateurs d'accéder aux informations pertinentes dans des conditions équitables, en temps opportun et au meilleur coût.

Les moyens de diffusion de l'information peuvent s'avérer aussi importants que son contenu proprement dit. Si l'obligation de diffuser des informations est souvent imposée par la législation, leur communication aux autorités et l'accès aux données peuvent donner lieu à des démarches laborieuses et coûteuses. La communication aux autorités des rapports obligatoires a été nettement rationalisée dans certains pays grâce à la mise en place de systèmes informatisés de transmission et de recherche de données. Les pays doivent passer à l'étape suivante en intégrant les différentes sources d'information sur les entreprises, y compris les registres d'actionnaires. Les sites web des sociétés ouvrent également la possibilité d'améliorer la diffusion de l'information et certains pays obligent désormais les sociétés à avoir un site web présentant des informations pertinentes et importantes les concernant.

Il convient d'adopter des dispositions en faveur de la diffusion continue d'informations qui recouvre la diffusion périodique d'informations et la diffusion continue ou simultanée d'informations devant être fournies de façon ad hoc. En ce qui concerne la diffusion continue/simultanée, la bonne pratique consiste à exiger la diffusion « immédiate » d'informations sur des événements significatifs, que ce qualificatif signifie « dans les délais les plus brefs possibles » ou fasse référence à un délai maximum exprimé en jours. La norme de l'OICV *Principles for Ongoing Disclosure and Material Development Reporting by Listed Entities* contient des orientations sur les rapports périodiques des sociétés ayant des titres cotés ou admise à la cotation sur un marché réglementé accessible aux petits investisseurs. Les *Principles for Ongoing Disclosure and Material Development Reporting by Listed Entities* contiennent des principes communs applicables aux sociétés cotées dans le domaine de la diffusion continue d'informations et de la divulgation des événements significatifs.

VI. Responsabilités du conseil d'administration

Un régime de gouvernance d'entreprise doit assurer le pilotage stratégique de l'entreprise et la surveillance effective de la gestion par le conseil d'administration, ainsi que la responsabilité du conseil d'administration vis-à-vis de la société et de ses actionnaires.

L'organisation et les règles de fonctionnement du conseil d'administration varient selon les pays de l'OCDE, voire à l'intérieur d'un même pays. Dans certains pays, le conseil d'administration comporte deux organes de façon à séparer la fonction de surveillance et la fonction de gestion. Dans ce cas, coexistent en général un « conseil de surveillance », composé de membres sans fonctions de direction, et un « directoire », uniquement composé de dirigeants de la société. Dans d'autres pays, le système fonctionne avec un organe unique qui comporte à la fois des administrateurs dirigeants et d'autres sans fonction de direction. Dans d'autres encore, la législation prévoit en outre un organe supplémentaire investi d'une mission de contrôle. Les *Principes* ont vocation à s'appliquer à n'importe quelle structure ayant compétence pour présider aux destinées d'une entreprise et en surveiller la gestion.

Outre qu'il guide la stratégie de l'entreprise, le conseil d'administration a principalement pour mission de surveiller les performances de la direction et d'assurer aux actionnaires un rendement satisfaisant, tout en veillant à prévenir les conflits d'intérêt et à trouver un équilibre entre les sollicitations contradictoires auxquelles l'entreprise se trouve soumise. Pour que le conseil d'administration puisse assumer efficacement ses responsabilités, les administrateurs doivent être à même d'exercer un jugement objectif en toute indépendance Le conseil d'administration a en outre la responsabilité importante de superviser le système de gestion des risques et les dispositifs garantissant que la société respecte la législation en vigueur, notamment le droit fiscal, le droit de la concurrence, le droit du travail, les textes relatifs à la protection de l'environnement et à l'égalité des chances, ainsi que la législation en matière de santé et de sécurité. Dans certains pays, les sociétés ont jugé utile de définir explicitement les responsabilités assumées par le conseil d'administration, ainsi que celles qui incombent à la direction.

Le conseil d'administration est certes responsable devant la société et ses actionnaires, mais il a en outre obligation de servir au mieux leurs intérêts. Le conseil d'administration est de surcroît censé prendre dûment en considération les autres parties prenantes et servir loyalement leurs intérêts, notamment ceux des salariés, des créanciers, des clients, des fournisseurs et des collectivités locales. Le respect des normes sociales et environnementales est aussi de son ressort.

A. Les administrateurs doivent agir en toute connaissance de cause, de bonne foi, avec toute la diligence et le soin requis et dans l'intérêt de la société et de ses actionnaires.

Dans certains pays, le conseil d'administration est légalement tenu d'agir dans l'intérêt de la société, en prenant en compte les intérêts des actionnaires et des salariés, ainsi que de l'intérêt public. L'obligation d'agir au mieux des intérêts de la société ne doit pas permettre à la direction de devenir inamovible.

Ce principe indique les deux éléments essentiels des obligations fiduciaires des administrateurs, à savoir le devoir de diligence et le devoir de loyauté. Le devoir de diligence impose aux administrateurs d'agir en toute connaissance de cause, de bonne foi, avec toute la diligence et le soin requis. Dans certains pays, il existe une norme qui fait référence au comportement qu'une personne raisonnablement prudente adopterait dans des circonstances similaires. Dans pratiquement tous les pays, le devoir de diligence ne permet pas de sanctionner une erreur commise dans le cadre de l'exercice du jugement d'affaire dès lors que les administrateurs n'ont pas été extrêmement négligents et que la décision a été prise avec toute la diligence requise, etc. Le *Principe* invite les administrateurs à agir en toute connaissance de cause. La bonne pratique veut que l'on entende par là qu'ils doivent avoir la conviction que les principaux systèmes d'information et de mise en conformité avec la loi de l'entreprise sont fondamentalement sains et facilitent l'exercice par le conseil d'administration des principales fonctions qui lui incombent, en vertu des *Principes*, en matière de suivi. Un grand nombre de pays considèrent déjà que cet aspect est une composante du devoir de diligence tandis que d'autres en font une obligation dans le cadre de la réglementation relative aux valeurs mobilières, des normes comptables, etc. Le devoir de loyauté revêt une importance capitale car il conditionne le respect effectif d'autres principes évoqués dans le présent document se rapportant par exemple au traitement équitable des actionnaires, à la surveillance des transactions effectuées avec des parties liées et à la définition d'une politique de rémunération des dirigeants et administrateurs. Il est également fondamental pour les administrateurs qui travaillent au sein d'un groupe de sociétés : même lorsqu'une société est contrôlée par une autre société, le devoir de loyauté des administrateurs est en effet un devoir vis-à-vis de la société et de tous ses actionnaires, et non vis-à-vis de la société qui contrôle le groupe.

B. Lorsque ses décisions peuvent affecter de manière variable les différentes catégories d'actionnaires, le conseil d'administration doit veiller à traiter équitablement tous les actionnaires.

Dans l'accomplissement de ses missions, le conseil d'administration ne doit pas être considéré, ni agir comme une assemblée de représentants de divers groupes d'intérêts. Si certains administrateurs peuvent être de fait désignés ou élus par certains actionnaires (et quelquefois contestés par d'autres), l'une des caractéristiques fondamentales du travail du conseil d'administration tient au fait que les administrateurs doivent assumer leurs responsabilités en traitant avec impartialité l'ensemble des actionnaires. Le respect de ce principe est d'autant plus important en présence d'actionnaires de contrôle qui, de fait, sont en mesure de choisir tous les administrateurs.

C. Le conseil d'administration doit appliquer des normes éthiques élevées. Il doit prendre en considération les intérêts des différentes parties prenantes.

Le conseil d'administration joue un rôle capital dans la définition de la ligne de conduite de la société sur le plan éthique, non seulement à travers ses propres actes, mais aussi lorsqu'il nomme et contrôle les principaux dirigeants, et donc la direction en général. Il est dans l'intérêt à long terme d'une société d'observer des normes éthiques élevées afin d'asseoir sa crédibilité et sa fiabilité non seulement dans ses activités quotidiennes, mais aussi dans le cadre de ses engagements à long terme. Pour que les objectifs du conseil d'administration soient clairs et réalisables, un grand nombre de sociétés ont jugé utile d'élaborer leurs propres codes de conduite, fondés notamment sur des normes professionnelles, et quelquefois des codes de portée plus générale, et de les communiquer au sein de toute la structure. Ces derniers peuvent notamment comporter un engagement volontaire de la société (et de ses filiales) de suivre les *Principes directeurs à l'intention des entreprises multinationales de l'OCDE*, qui reprend les quatre grands principes contenus dans la *Déclaration de l'OIT relative aux principes et droits fondamentaux au travail*. De même, les pays exigent de plus en plus que les conseils d'administration surveillent les stratégies de financement et de planification fiscale que la direction est autorisée à conduire, de façon à prévenir les pratiques, telles que l'optimisation fiscale agressive, qui ne servent pas les intérêts à long terme de la société et de ses actionnaires, et peuvent exposer l'entreprise à des risques juridiques et des risques pour sa réputation.

Les codes adoptés par la société servent de référence aux administrateurs et aux principaux dirigeants dans la mesure où ils définissent le cadre dans lequel ils exercent leur faculté d'appréciation face à des groupes d'intérêts différents, et souvent contradictoires. À tout le moins, le code déontologique doit fixer des limites précises à la poursuite d'intérêts privés au travers notamment d'opérations portant sur les actions de la société. Un cadre général en vue d'avoir une conduite éthique va au-delà de la question du respect de la loi, qui doit néanmoins toujours rester une obligation fondamentale.

D. Le conseil d'administration doit remplir certaines fonctions essentielles, notamment :

1. Revoir et guider la stratégie de l'entreprise, ses principaux plans d'action, ses politiques et procédures de gestion des risques, ses budgets annuels et programmes d'activité, définir ses objectifs de résultats, assurer la surveillance de la mise en œuvre de ces objectifs et des résultats de l'entreprise et contrôler les principales dépenses d'équipement, acquisitions et cessions d'actifs.

Il est un domaine qui revêt une importance croissante pour le conseil d'administration et se trouve étroitement lié à la stratégie de l'entreprise : la surveillance de la gestion des risques de la société. Cette surveillance recouvre la surveillance des obligations de redevabilité et des responsabilités en matière de gestion des risques, la définition de la nature des risques et du niveau de risque auxquels une société accepte de s'exposer pour atteindre ses objectifs, et la manière dont elle gère les risques créés par ses activités et ses relations. Elle représente donc un guide majeur pour la direction qui doit gérer les risques avec le souci de respecter le profil de risque souhaité par la société.

2. Surveiller les pratiques effectives de la société en matière de gouvernance d'entreprise et procéder aux changements qui s'imposent.

La surveillance, par le conseil d'administration, des pratiques de gouvernance d'entreprise passe aussi par un contrôle permanent de la structure interne de la société afin de s'assurer que les responsabilités de gestion sont clairement définies dans toute l'organisation. En dehors de l'obligation d'assurer une surveillance périodique des pratiques de gouvernance et de diffuser régulièrement des informations sur cet aspect, nombre de pays en sont arrivés à préconiser, voire à imposer, une autoévaluation de leurs résultats par les conseils d'administration, ainsi que des examens des performances des différents administrateurs, du Président et du Directeur général.

3. Recruter les principaux dirigeants, déterminer leurs rémunérations, suivre leurs activités et, le cas échéant, les remplacer et préparer les plans de succession.

Dans la plupart des systèmes comportant deux organes, le conseil de surveillance est également responsable de nommer le « directoire » qui normalement comporte la plupart des principaux dirigeants.

4. Aligner les rémunérations des principaux dirigeants et des administrateurs avec les intérêts à long terme de la société et de ses actionnaires.

On considère que la rédaction et la diffusion par le conseil d'administration d'une déclaration d'orientation sur la politique de rémunération des administrateurs et des principaux dirigeants est une bonne pratique. Cette déclaration précise la nature de la relation entre rémunérations et résultats et définit des critères de référence mesurables mettant l'accent sur les intérêts à long terme de la société par opposition aux considérations à court terme. Généralement, elle tente d'indiquer des conditions pour la rémunération des administrateurs en contrepartie de prestations ne relevant pas de leurs fonctions d'administrateurs, notamment des services de conseil. Souvent, elle précise aussi les conditions dans lesquelles les administrateurs et les principaux dirigeants peuvent détenir et négocier les titres de la société, ainsi que les procédures à suivre pour l'attribution des options d'achat d'actions et l'ajustement de leur prix. Dans certains pays, la politique de rémunération recouvre également les versements à effectuer lors de l'embauche et/ou de la résiliation du contrat d'un dirigeant de la société.

Dans les grandes sociétés, il est considéré comme une bonne pratique de confier la gestion de la responsabilité de la politique de rémunération et des contrats des administrateurs et des principaux dirigeants à un comité spécialisé entièrement ou majoritairement composé d'administrateurs indépendants dont sont exclus les dirigeants siégeant réciproquement dans d'autres comités de même nature, ce qui pourrait donner lieu à des conflits d'intérêts. L'introduction de clauses de retrait ou de restitution des versements injustifiés est considérée comme une bonne pratique. Ces clauses confèrent à l'entreprise le droit de retenir ou d'exiger la restitution des indemnités versées à des dirigeants en cas d'abus ou dans des circonstances similaires, notamment lorsque l'entreprise est obligée de redresser ses états financiers en raison de manquements significatifs aux obligations d'information financière..

5. S'assurer de la mise en place d'une procédure clairement définie et transparente pour la nomination et l'élection des administrateurs.

Les *Principes* encouragent une participation active des actionnaires à la désignation des candidats et à l'élection des administrateurs. Le conseil d'administration a un rôle essentiel à jouer à cet égard en veillant au respect de cette dimension et des autres aspects du processus de désignation et d'élection des administrateurs. Premièrement, dans les faits, les procédures de nomination peuvent parfois différer selon les pays, c'est au conseil d'administration ou au comité de nomination que revient la responsabilité particulière de s'assurer que les procédures établies sont transparentes et respectées. Deuxièmement, le conseil d'administration apporte une contribution fondamentale à la définition du profil collectif ou individuel des administrateurs dont la société peut avoir besoin à un moment donné, et à l'énoncé des connaissances, des compétences et des qualifications attendues d'eux pour compléter celles des administrateurs en fonction. Troisièmement, le conseil d'administration ou le comité des candidatures a la responsabilité de repérer les candidats potentiels correspondant aux profils exigés et de les proposer aux actionnaires, et/ou d'étudier les candidatures proposées par les actionnaires ayant le droit de désigner des candidats. Des voix de plus en plus nombreuses s'élèvent pour demander que les procédures de recherche de candidats aux postes d'administrateurs soient ouvertes à un large éventail de personnes.

6. **Surveiller et gérer les conflits d'intérêt pouvant survenir entre la direction, les administrateurs et les actionnaires, y compris relatifs à des abus de biens sociaux ou d'abus commis dans le cadre de transactions avec des parties liées.**

Veiller à la mise en place de dispositifs de contrôle interne concernant l'information financière et l'utilisation des actifs de la société et à la protection de cette dernière contre les transactions abusives avec des parties liées fait partie des fonctions importantes du conseil d'administration. Ces fonctions sont souvent confiées au contrôleur interne qui doit entretenir des contacts directs avec le conseil d'administration. Lorsque d'autres cadres dirigeants de l'entreprise sont investis d'une responsabilité à cet égard, comme le secrétaire général, il importe qu'ils soient assujettis aux mêmes obligations de rendre des comptes que le contrôleur interne.

Pour mener à bien sa mission de surveillance des dispositifs de contrôle, il est important que le conseil d'administration encourage les témoins à faire état de comportements contraires à l'éthique/illicites sans crainte de représailles. L'existence d'un code d'éthique propre à l'entreprise est de nature à faciliter ce processus qui doit être conforté par une protection juridique des personnes concernées. Le comité d'audit ou le comité d'éthique ou tout organe équivalent doit mettre un interlocuteur à la disposition des salariés souhaitant faire part de leurs inquiétudes face à des comportements illicites ou contraires à l'éthique, pouvant également compromettre la sincérité des états financiers.

7. **S'assurer de l'intégrité des systèmes de comptabilité et de communication financière de la société, notamment de l'indépendance de la vérification des comptes, et que l'entreprise est dotée de dispositifs de contrôle adéquats, en particulier de dispositifs de gestion des risques et de contrôle financier et opérationnel, ainsi que de respect du droit et des normes applicables. Les grandes sociétés doivent être encouragées à mettre en place une fonction d'audit interne.**

Le conseil d'administration doit s'imposer comme le chef de file des efforts déployés pour s'assurer que des moyens efficaces de surveillance des risques sont en place. Garantir l'intégrité des principaux systèmes d'information et de surveillance impose au conseil d'administration de définir clairement et de faire respecter les chaînes de responsabilité et la façon de rendre des comptes dans l'ensemble de l'organisation. Le conseil d'administration doit en outre veiller à ce que la direction générale exerce une supervision convenable. Normalement, cela suppose l'instauration d'un système d'audit interne placé sous la responsabilité directe du conseil d'administration. On considère comme une bonne pratique le fait que les contrôleurs internes rendent compte à un comité d'audit indépendant du conseil d'administration, ou à un organe équivalent, à qui il incombe également de gérer les relations avec l'auditeur externe, ce qui favorise une réaction coordonnée de la part du conseil d'administration. Il convient également de considérer comme une bonne pratique que ce comité, ou l'organe équivalent, examine les méthodes comptables les plus importantes qui constituent le fondement des états financiers, et rende compte au conseil d'administration de ces conclusions. Le conseil d'administration doit toutefois conserver la responsabilité finale de la surveillance du système de gestion des risques de la société et de l'intégrité des systèmes d'information. Certains pays ont adopté des dispositions en vertu desquelles il incombe au président du conseil d'administration de faire rapport sur les procédures de contrôle interne. Les sociétés exposées à des risques élevés ou complexes (financiers et non financiers), pas seulement dans le secteur financier, doivent envisager d'adopter des systèmes d'information similaires, notamment d'information directe du conseil d'administration, sur la gestion des risques.

Il est par ailleurs souvent conseillé aux sociétés d'instituer des programmes ou des mesures de contrôle interne, de déontologie et de conformité pour se conformer aux lois, règlements et normes qui leur sont applicables, et notamment aux textes attribuant la qualification pénale à la corruption d'agents publics étrangers, comme l'exige la *Convention de l'OCDE sur la lutte contre la corruption,* ainsi qu'à d'autres formes de corruption active et passive, et de veiller à ce que ces programmes et mesures soient efficaces. En outre, l'obligation de respecter les dispositions en vigueur doit aussi s'appliquer à d'autres lois et règlements tels que ceux visant les valeurs mobilières, la concurrence et les conditions de travail et de sécurité. Elle peut également s'appliquer à d'autres dispositions législatives intéressant notamment les domaines de la fiscalité, des droits de l'homme, de l'environnement, de la fraude et du blanchiment de capitaux. Ces plans d'action seront autant de relais à l'appui du code éthique de l'entreprise. Pour être efficaces, les structures d'incitation mises en place par l'entreprise devront concorder avec les normes éthiques et professionnelles de sorte que l'adhésion aux valeurs qu'elles incarnent soit récompensée, et que les manquements à la loi aient des conséquences ou donnent lieu à des sanctions dissuasives. Les programmes de conformité doivent également s'appliquer aux filiales et, dans la mesure du possible, aux tierces parties, notamment aux agents et autres intermédiaires, aux consultants, aux représentants, aux distributeurs, aux sous-traitants et fournisseurs ainsi qu'aux partenaires dans des consortiums et des coentreprises.

8. Surveiller le processus de diffusion de l'information et de communication de l'entreprise.

Les fonctions et les responsabilités du conseil d'administration et de la direction en matière de communication et de diffusion de l'information doivent être clairement définies par le conseil d'administration. Dans certains pays, la nomination d'un responsable des relations avec les investisseurs, qui rend compte directement au conseil d'administration, est considérée comme une bonne pratique dans les grandes sociétés cotées.

E. Le conseil d'administration doit être en mesure de porter un jugement objectif et indépendant sur la conduite des affaires de la société.

Pour que le conseil d'administration soit en mesure d'exécuter ses missions, c'est-à-dire d'assurer le suivi des performances de l'équipe dirigeante, de prévenir les conflits d'intérêts et de concilier les demandes concurrentes qui pèsent sur la société, il faut impérativement qu'il ait la capacité d'avoir un jugement objectif. Cela signifie en premier lieu qu'il doit se prononcer en toute objectivité et indépendance vis-à-vis de la direction, exigence qui a des répercussions importantes sur sa composition et sa structure. Dans ces conditions, l'indépendance du conseil d'administration nécessite normalement la présence d'un nombre suffisant d'administrateurs indépendants de la direction.

Dans les pays dotés de systèmes à organe unique, l'objectivité du conseil d'administration et son indépendance vis-à-vis de la direction peuvent parfois être étayées par la séparation entre les fonctions de Directeur général et de Président. La séparation entre les deux fonctions est généralement considérée comme une bonne pratique car elle peut contribuer à assurer un juste équilibre entre les pouvoirs, à renforcer l'obligation de rendre des comptes et à accroître la capacité du conseil d'administration de prendre des décisions en toute indépendance vis-à-vis de la direction. La nomination d'un administrateur principal est aussi considérée comme une bonne pratique alternative par certains pays à condition que la définition du rôle qui lui est attribué lui confère un pouvoir suffisant pour piloter le conseil d'administration dans des situations où des conflits manifestes éclatent au sein de la direction. Ce genre de dispositif peut en outre contribuer à la qualité de la gouvernance et au bon fonctionnement du conseil d'administration.

Le Président du conseil d'administration ou l'administrateur principal peut, dans certains pays, bénéficier de l'aide d'un secrétaire général. Dans le cas de systèmes à deux organes, il convient de prêter attention au risque que des difficultés ne surgissent si l'usage veut que le Président du directoire accède à la présidence du Conseil de surveillance lorsqu'il prend sa retraite.

La manière dont on peut concourir à l'objectivité du conseil d'administration dépend également mesure de la structure de l'actionnariat de la société. Un actionnaire en position dominante dispose de pouvoirs considérables pour la nomination des membres du conseil d'administration et de la direction. Cependant, même dans cette situation, le conseil d'administration conserve sa responsabilité fiduciaire vis-à-vis de la société et de l'ensemble des actionnaires, y compris des actionnaires minoritaires.

La diversité des modes d'organisation du conseil d'administration, des structures de l'actionnariat et des pratiques selon les pays appelle des approches également diverses à la question de l'objectivité du conseil d'administration. Le plus souvent, l'objectivité nécessite la présence d'un nombre suffisant d'administrateurs qui ne soient ni salariés de la société ou de sociétés affiliées, ni étroitement liés à elle ou à sa direction par des liens effectifs de nature économique, familiale ou autre. Ce principe n'empêche pas les actionnaires de siéger au conseil d'administration. Dans d'autres circonstances, il conviendra de mettre l'accent sur l'indépendance vis-à-vis des actionnaires de contrôle ou d'un autre organe exerçant un contrôle en particulier si les droits *a priori* des actionnaires minoritaires ne sont pas très affirmés ou si les possibilités de recours qui leur sont offertes sont limitées. C'est ce qui a conduit tant les auteurs de codes que le législateur, dans la plupart des pays, à exiger la présence d'administrateurs indépendants des actionnaires en position dominante, sachant que le critère d'indépendance impose qu'ils ne les représentent pas, ni n'entretiennent de liens commerciaux étroits avec eux. Dans d'autres cas, il se peut que des tierces parties, notamment des créanciers, exercent également une influence déterminante sur la conduite de la société. Lorsqu'une tierce partie jouit d'une position particulière lui permettant d'exercer une influence sur la société, il convient de veiller, par l'application de critères stricts, à l'objectivité du jugement du conseil d'administration.

Lorsqu'ils définissent la notion d'indépendance des administrateurs, certains principes nationaux de gouvernance d'entreprise précisent dans le détail les éléments permettant de présumer de la non-indépendance des administrateurs qui apparaissent fréquemment dans les critères d'admission en bourse. S'ils permettent de poser des conditions nécessaires, ces critères « négatifs » servant à déterminer quand une personne *n'est pas* considérée comme indépendante, ils peuvent utilement être complétés par des exemples d'éléments « positifs » accroissant les chances pour l'administrateur d'être effectivement indépendant.

Les administrateurs indépendants peuvent apporter une contribution significative aux décisions du conseil d'administration. Ils peuvent exprimer un point de vue objectif sur l'évaluation des résultats obtenus par le conseil d'administration et la direction de l'entreprise. En outre, ils peuvent jouer un rôle important dans des domaines où les intérêts de la direction, de la société et de ses actionnaires peuvent diverger, à savoir la rémunération des cadres dirigeants, les projets concernant leur remplacement, les changements intervenant dans le contrôle de la société, les dispositifs anti-OPA, les acquisitions majeures et la fonction de vérification des comptes. Pour que ces administrateurs indépendants puissent remplir cette fonction essentielle, il est souhaitable que les sociétés indiquent publiquement quels sont les administrateurs qu'elles jugent indépendants et quels sont ses critères d'appréciation en la matière. Certains pays exigent également la tenue, à intervalles réguliers, d'assemblées séparées des administrateurs indépendants.

1. **Le conseil doit confier les tâches pouvant être source de conflit d'intérêts à un nombre suffisant d'administrateurs sans fonctions de direction et capables d'exercer un jugement indépendant. Figurent notamment au nombre de ces responsabilités essentielles : la surveillance de l'intégrité de la communication financière et non financière, l'examen des transactions avec des parties liées, la nomination des administrateurs et des principaux dirigeants et la rémunération des administrateurs.**

Même si la responsabilité de la publication des informations financières, de la rémunération et de la nomination des dirigeants revient fréquemment au conseil d'administration dans son ensemble, la présence d'administrateurs indépendants peut donner aux intervenants sur le marché une garantie supplémentaire que leurs intérêts seront protégés. Le conseil d'administration doit envisager de créer des comités spécialisés chargés de traiter les questions sur lesquelles il existe un risque de conflit d'intérêts. Ces comités doivent être composés entièrement ou inclure un nombre minimum d'administrateurs sans fonctions de direction. Dans certains pays, les actionnaires sont directement responsables de la désignation des candidats et de l'élection des administrateurs sans fonctions de direction auxquels sont assignés des missions spécifiques.

2. **Le conseil doit envisager de mettre en place des comités spécialisés pour aider l'ensemble des administrateurs à s'acquitter de leurs missions, en particulier en ce qui concerne la vérification des comptes, mais aussi, en fonction de la taille et du profil de risques de la société, la gestion des risques et les rémunérations. Lorsque des comités sont créés au sein du conseil d'administration, leur mandat,**

leur composition et leurs procédures de fonctionnement doivent être clairement définis et rendus publics par le conseil d'administration.

Lorsque la taille de la société et de son conseil d'administration le justifient, le recours à la création de comités spécialisés peut améliorer la qualité des travaux du conseil d'administration. Pour pouvoir évaluer les vertus de ces comités, il est donc important de veiller à ce que le marché ait une connaissance claire et complète de leur objet, de leurs missions et de leur composition. Ces informations revêtent une importance particulière dans un grand nombre de pays où les conseils d'administration ont mis en place des comités d'audit indépendants habilités à surveiller les relations avec l'auditeur externe et à agir, dans un grand nombre de cas, en toute indépendance. Les comités d'audit doivent également être en mesure de surveiller l'efficacité et l'intégrité du système de contrôle interne. Parmi les autres comités de ce type, on retiendra ceux qui traitent des nominations, des rémunérations et des risques. La création de comités supplémentaires peut quelquefois contribuer à éviter au comité d'audit une surcharge de travail et permettre au conseil d'administration d'accorder davantage de temps à ces aspects. Néanmoins, les responsabilités des autres administrateurs et du conseil d'administration dans son ensemble doivent être clairement définies. Il n'est pas nécessaire que la diffusion d'information s'étende aux comités établis afin de gérer, par exemple, les transactions commerciales confidentielles.

3. Les administrateurs doivent pouvoir s'investir véritablement dans l'exercice de leurs responsabilités.

Le fait de siéger dans un trop grand nombre de conseils d'administration peut nuire aux performances des administrateurs. Certains pays ont limité le nombre de sièges d'administrateur autorisé par personne. Définir des limites précises est sans doute moins important que de s'assurer que les administrateurs jouissent d'une légitimité auprès des actionnaires et de leur confiance. La communication aux actionnaires d'informations sur l'appartenance des administrateurs à d'autres conseils d'administration est donc un instrument essentiel pour améliorer le processus de nomination des administrateurs. L'acquisition de cette légitimité sera également facilitée par la publication des registres de présence aux réunions du conseil (en indiquant, par exemple, si des administrateurs ont été absents lors d'un nombre substantiel de réunions) et de la liste des travaux entrepris par chacun pour le compte du conseil d'administration, avec les rémunérations correspondantes.

4. Le conseil doit mener à bien, à intervalles réguliers, des évaluations destinées à apprécier ses propres performances et à déterminer s'il possède la palette d'expériences et de compétences qui convient.

Afin d'améliorer le fonctionnement du conseil d'administration et les performances de ses membres, un nombre croissant de pays encouragent désormais les sociétés à organiser des actions de formation et des évaluations volontaires des administrateurs répondant aux besoins spécifiques de l'entreprise. En particulier dans les grandes sociétés, cet exercice d'évaluation peut bénéficier du concours d'intervenants extérieurs pour plus d'impartialité. Sauf lorsque certaines qualifications sont exigées, notamment dans le cas d'établissements financiers, cette démarche peut conduire à inviter des administrateurs à acquérir les compétences voulues lorsqu'ils prennent leurs fonctions, puis à se tenir informés des nouvelles lois et réglementations, ainsi que de l'évolution des risques commerciaux et autres, que ce soit dans le cadre de sessions organisées dans l'entreprise ou dispensées à l'extérieur. Afin d'éviter tout risque de pensée unique et pour bénéficier d'une certaine diversité de points de vue pendant leurs délibérations, les membres du conseil d'administration doivent également se demander s'ils possèdent collectivement la palette d'expériences et de compétences qui convient.

Les pays souhaiteront peut-être envisager des mesures telles que la fixation d'objectifs volontaires, l'instauration d'obligations en matière de diffusion de l'information et des initiatives privées visant à renforcer la parité hommes-femmes au sein des conseils d'administration.

F. Pour assumer leurs responsabilités, les administrateurs doivent avoir accès à des informations exactes, pertinentes et disponibles en temps opportun.

Les administrateurs ont besoin de disposer en temps opportun des informations nécessaires pour pouvoir prendre des décisions. Les administrateurs sans fonction de direction n'ont généralement pas accès à l'information dans les mêmes conditions que certains des principaux dirigeants de la société. On peut améliorer la contribution des administrateurs sans fonctions de direction en leur offrant la possibilité de communiquer avec certains des principaux responsables comme, par exemple, le secrétaire général et le contrôleur interne, et le responsable ou directeur de la gestion des risques en leur permettant de faire appel à des conseillers extérieurs indépendants aux frais de la société. Pour qu'ils puissent exercer leurs responsabilités, les administrateurs doivent s'assurer qu'ils disposent en temps opportun d'informations exactes et pertinentes. Lorsque les sociétés s'en remettent à des modèles complexes de gestion des risques, les administrateurs doivent avoir conscience des lacunes que peut présenter ce type de modèle.

G. Lorsque la représentation des salariés au conseil d'administration est obligatoire, des mécanismes doivent être mis au point afin de faciliter l'accès à l'information et à la formation des représentants des salariés,

de sorte que cette représentation soit effective et contribue au mieux à l'amélioration des compétences, de l'information et de l'indépendance du conseil d'administration.

Lorsque la représentation des salariés au conseil d'administration est obligatoire en vertu du droit ou d'une convention collective ou d'une décision volontaire, elle doit revêtir des formes qui optimisent sa contribution à l'indépendance, la compétence et l'information du conseil d'administration. Les représentants des salariés doivent avoir les mêmes obligations et responsabilités que tous les autres membres du conseil d'administration, et ils doivent agir au mieux des intérêts de la société.

Des procédures doivent être définies pour faciliter l'accès à l'information, à la formation et à l'acquisition de compétences des salariés siégeant au conseil d'administration et favoriser leur indépendance vis-à-vis du Directeur général et de la direction. Il convient également de prévoir des procédures de nomination adéquates et transparentes, le droit de rendre compte aux salariés à intervalles réguliers, – sous réserve que les obligations du conseil d'administration en matière de confidentialité soient dûment respectées –, l'accès des salariés à la formation, ainsi que des procédures de gestion des conflits clairement établies. Pour que les salariés puissent apporter une contribution positive aux travaux du conseil d'administration, l'acceptation de leur présence par les autres membres du conseil d'administration ainsi que par la direction, et une collaboration constructive avec ceux-ci, sera également nécessaire.

ANNEXE

Recommandation du Conseil relative aux Principes de gouvernance d'entreprise

8 juillet 2015

LE CONSEIL,

VU l'article 5(b) de la Convention relative à l'Organisation de Coopération et de Développement économiques du 14 décembre 1960 ;

VU la Recommandation du Conseil relative aux Lignes directrices sur la gouvernance des entreprises publiques dans laquelle sont énoncées des lignes directrices complémentaires applicables aux entreprises publiques ;

VU les *Principes directeurs à l'intention des entreprises multinationales*, qui font partie intégrante de la Déclaration sur l'investissement international et les entreprises multinationales ; la Convention sur la lutte contre la corruption d'agents publics étrangers dans les transactions commerciales internationales et la Recommandation du Conseil sur l'égalité hommes-femmes en matière d'éducation, d'emploi et d'entrepreneuriat ;

CONSIDÉRANT que les *Principes* ont acquis une reconnaissance mondiale et qu'ils constituent un point d'ancrage important des efforts nationaux et internationaux pour améliorer la gouvernance d'entreprise ;

RECONNAISSANT que la mise en oeuvre des *Principes* est tributaire de cadres juridiques, économiques, sociaux et réglementaires divers ;

Sur proposition du Comité sur la gouvernance d'entreprise :

I. RECOMMANDE que les Membres et les non-Membres ayant adhéré à la présente Recommandation (ci-après les « Adhérents ») tiennent dûment compte des *Principes* qui figurent en Appendice à la présente Recommandation et en font partie intégrante ;

II. INVITE le Secrétaire général à diffuser la présente Recommandation ;

III. INVITE les Adhérents à diffuser la présente Recommandation ;

IV. INVITE les non-Adhérents à tenir dûment compte de la présente Recommandation et, le cas échéant, à y adhérer ;

V. CHARGE le Comité sur la gouvernance d'entreprise de suivre la mise en œuvre de la présente Recommandation et d'en faire rapport au Conseil dans les cinq ans suivant son adoption et en tant que de besoin par la suite.

ORGANISATION DE COOPÉRATION ET DE DÉVELOPPEMENT ÉCONOMIQUES

L'OCDE est un forum unique en son genre où les gouvernements œuvrent ensemble pour relever les défis économiques, sociaux et environnementaux liés à la mondialisation. À l'avant-garde des efforts engagés pour comprendre les évolutions du monde actuel et les préoccupations qu'elles suscitent, l'OCDE aide les gouvernements à y faire face en menant une réflexion sur des thèmes tels que la gouvernance d'entreprise, l'économie de l'information et la problématique du vieillissement démographique. L'Organisation offre aux gouvernements un cadre leur permettant de confronter leurs expériences en matière d'action publique, de chercher des réponses à des problèmes communs, de recenser les bonnes pratiques et de travailler à la coordination des politiques nationales et internationales.

Les pays membres de l'OCDE sont : l'Allemagne, l'Australie, l'Autriche, la Belgique, le Canada, le Chili, la Corée, le Danemark, l'Espagne, l'Estonie, les États-Unis, la Finlande, la France, la Grèce, la Hongrie, l'Irlande, l'Islande, Israël, l'Italie, le Japon, le Luxembourg, le Mexique, la Norvège, la Nouvelle-Zélande, les Pays-Bas, la Pologne, le Portugal, la République slovaque, la République tchèque, le Royaume-Uni, la Slovénie, la Suède, la Suisse et la Turquie. L'Union européenne participe aux travaux de l'OCDE.

Les Éditions OCDE assurent une large diffusion aux travaux de l'Organisation. Ces derniers comprennent les résultats de l'activité de collecte de statistiques, les travaux de recherche menés sur des questions économiques, sociales et environnementales, ainsi que les conventions, les principes directeurs et les modèles développés par les pays membres.

ÉDITIONS OCDE, 2, rue André-Pascal, 75775 PARIS CEDEX 16
(26 2017 01 2 P) ISBN 978-92-64-26950-7 – 2017

www.ingramcontent.com/pod-product-compliance
Lightning Source LLC
LaVergne TN
LVHW070219110826
845147LV00003B/605
* 9 7 8 9 2 6 4 2 6 9 5 0 7 *